utb 5888

AF168329

Eine Arbeitsgemeinschaft der Verlage

Brill | Schöningh – Fink · Paderborn
Brill | Vandenhoeck & Ruprecht · Göttingen – Böhlau · Wien · Köln
Verlag Barbara Budrich · Opladen · Toronto
facultas · Wien
Haupt Verlag · Bern
Verlag Julius Klinkhardt · Bad Heilbrunn
Mohr Siebeck · Tübingen
Narr Francke Attempto Verlag – expert verlag · Tübingen
Psychiatrie Verlag · Köln
Ernst Reinhardt Verlag · München
transcript Verlag · Bielefeld
Verlag Eugen Ulmer · Stuttgart
UVK Verlag · München
Waxmann · Münster · New York
wbv Publikation · Bielefeld
Wochenschau Verlag · Frankfurt am Main

Roland Schimmel · Jörn Griebel (Hg.)

Warum man lieber nicht Jura studieren sollte

und trotzdem: eine Ermutigung

2., erweiterte und überarbeitete Auflage

verfasst von:

Denis Basak
Jörn Griebel
Florian Gröblinghoff
Tomas Kuhn
Barbara Lange
Roland Schimmel

BRILL | SCHÖNINGH

Bücher, Online-Angebote oder elektronische Ausgaben sind erhältlich unter
www.utb.de

Bibliografische Information der Deutschen Nationalbibliothek

Die Deutsche Nationalbibliothek verzeichnet diese Publikation in der
Deutschen Nationalbibliografie; detaillierte bibliografische Daten sind im Internet über
https://dnb.de abrufbar.

2., erweiterte und überarbeitete Auflage 2023
© 2022 Brill Schöningh, Wollmarktstraße 115, D-33098 Paderborn, ein Imprint der
Brill-Gruppe (Koninklijke Brill NV, Leiden, Niederlande; Brill USA Inc., Boston MA, USA;
Brill Asia Pte Ltd, Singapore; Brill Deutschland GmbH, Paderborn, Deutschland; Brill
Österreich GmbH, Wien, Österreich) Koninklijke Brill NV umfasst die Imprints Brill,
Brill Nijhoff, Brill Schöningh, Brill Fink, Brill mentis, Brill Wageningen Academic,
Vandenhoeck & Ruprecht, Böhlau und V&R unipress

www.brill.com

Printed in Germany.
Herstellung: Brill Deutschland GmbH, Paderborn
Einbandgestaltung: Martin Glomm, Frankfurt; siegel Konzeption | gestaltung

UTB-Band-Nr: 5888
ISBN 978-3-8252-6120-7
eISBN 978-3-8385-6120-2

Inhalt

Vorwort

Lohnt es sich, Jura zu studieren? Wäre das vielleicht sogar eine richtig gute Lebensentscheidung für Sie? Wir hätten dieses Buch nicht geschrieben, wenn wir nicht fest überzeugt wären: Es kann eine sehr gute Idee sein, sich für ein Jurastudium zu entscheiden. Aber das gilt nicht für jeden.[1] Jura kann faszinieren und viel Freude bereiten. Es ist aber auch ein Studium mit Eigenheiten – eines, das sehr fordert und einigen Fleiß verlangt. Sie brauchen sinnvolle Lernstrategien (bessere als zu Schulzeiten), phasenweise Frustrationstoleranz, gute Nerven und die Fähigkeit, Herausforderungen zu überwinden, sowie manches mehr.

Die Entscheidung für oder gegen ein Studienfach ist nicht leicht – aber meist folgenreich. In diesem Buch versuchen wir, Ihnen Informationen, Gedanken und Beobachtungen an die Hand zu geben, die Ihnen eine Entscheidung erleichtern können. Sie sollen wissen, worauf Sie sich einlassen, und mit diesem Wissen besser durchs Studium gehen. Wir versuchen, Sie so zu beraten, wie wir unsere Kinder beraten würden – wenn sie uns denn mal fragen würden. Hierfür müssen Sie nicht zwingend alle Kapitel lesen, wählen Sie vielleicht die aus, die Sie besonders ansprechen. Haben Sie aber ein Kapitel gelesen, das mehr von den Herausforderungen berichtet, sollten Sie auch eines wählen, das Mut macht.

Kurz zu uns, den Verfassern: Wir tragen heute akademische Grade und Titel, glauben, seit Jahren in unseren Berufen angekommen zu sein, und fühlen uns mittlerweile qualifiziert, einen Studienwahlratgeber zu verfassen. Aber wir können uns gut daran erinnern, dass schon die Einhaltung der richtigen Form bei der ersten Hausarbeit mit dem Textverarbeitungsprogramm ein schwer zu knackendes Problem war, dass wir uns anfangs überwinden mussten, im Hörsaal vor 500 anderen Studenten etwas laut und deutlich zu sagen

---

1   Wir verwenden in diesem Buch das generische Maskulinum, möchten damit aber alle Personen jedweder Geschlechtszugehörigkeit gleichermaßen ansprechen und dazu einladen, über ein Jurastudium nachzudenken. Denn Jurastudieren kommt gewiss nicht nur für Männer in Frage!

oder es dann doch lieber gelassen haben, dass wir phasenweise an der Wahl des Studienfachs zweifelten, weil trotz großen Aufwands gute Noten ausblieben, dass wir manchmal wenig oder keinen Durchblick hatten und dass uns gelegentlich (auch ohne Ablenkung durch Internet und Smartphone) schlicht und einfach die Motivation fehlte.

Daher hoffen wir sehr, dass unsere Themen Ihnen helfen. Wenn nicht, schreiben Sie uns bitte eine giftige E-Mail...

Für die Neuauflage haben wir den Text durchgängig geglättet, stellenweise ergänzt und wo nötig aktualisiert sowie um drei Kapitel erweitert, die uns zur thematischen Abrundung wichtig erschienen. Wir danken dem Verlag, namentlich *Dr. Nadine Klassen* und *Sophie Stangl*, für Lektorat, konzeptionelle Aufgeschlossenheit und Großherzigkeit in einigen wichtigen Einzelheiten, und *Katrin Tenge-Borkowski* für die Mühen des Setzens. *Martin Glomm* hat die Collage für das Titelblatt ersonnen („Kleine Maus und Großkatz 02, oder: Tierische Herrschaft des Rechts"); das hätten wir nie gekonnt. Weiter danken wir *Helen Basak*, *Jonathan Graß* und *Jannis Griebel* für das Gegenlesen aus Adressatenperspektive; das können wir schon länger nicht mehr. Geschrieben ist das Büchlein für alle, die es gebrauchen können; gewidmet ist es *Prof. Dr. mult. Jerzy Krknbek*, der uns väterlicher Freund und großes Vorbild ist.

Frankfurt am Main, Siegen, Bordesholm, Passau, München, April 2023

Denis Basak
Jörn Griebel
Florian Gröblinghoff
Tomas Kuhn
Barbara Lange
Roland Schimmel

Einführung
oder: Was Sie von diesem Buch erwarten können

1. Ziel

Dieses Buch berät Sie in der Frage: *Ist ein Studium der Rechtswissenschaften an einer deutschen Universität das Richtige für mich?* Wir möchten Ihnen so gut wir können von der Faszination, aber auch von den Schwierigkeiten berichten, die ein solches Studium mit sich bringt. Es geht um eine Entscheidungshilfe: Traue ich mir zu, die spannenden Seiten des Faches zu entdecken und über die bestehenden Hürden hinwegzukommen?

Der Buchtitel deutet es zum Ende hin bereits an: In Wirklichkeit wollen wir für dieses Studium werben (alle Verfasser haben Jura studiert, arbeiten in juristischen Berufen mit ständigem Studentenkontakt und bereuen Ersteres gar nicht und Letzteres nur an wenigen schlechten Tagen). Das Fach kann tatsächlich sehr faszinierend sein, und die beruflichen Möglichkeiten sind vielfältig. Wir haben uns aber vorgenommen, die anstrengenden und nervenaufreibenden Seiten des Studiums nicht zu verschweigen. Lieber wollen wir sie so deutlich hervorheben, dass der Leser[1] weiß, was auf ihn zukommt. Und es geht um Rüstzeug, damit man nicht jeden Anfängerfehler selbst macht.

Dass eine solche Entscheidungshilfe nützlich sein kann, hat etliche Gründe, zu denen auch die **Reformbedürftigkeit** und -fähigkeit des Jurastudiums gehören. Das juristische Studium und das Examen an dessen Ende verändern sich mit bemerkenswerter, nämlich gletschergleicher, Geschwindigkeit. Ein Sechstsemesterstudent

---

[1] Wir verwenden in diesem Buch das generische Maskulinum, möchten damit aber alle Personen jedweder Geschlechtszugehörigkeit gleichermaßen ansprechen und dazu einladen, über ein Jurastudium nachzudenken. Denn Jurastudieren kommt gewiss nicht nur für Männer in Frage! Zuletzt beträgt der Frauenanteil an den Studienanfängern gut 60 %. Andere Geschlechter weist die Statistik bemerkenswerterweise nicht aus.

aus dem Jahre 1907, der aus der Zeitmaschine stiege und sich in den Hörsaal begäbe, wunderte sich ein wenig über die vielen Studentinnen und setzte seine Prüfungsvorbereitung da fort, wo er sie verlassen hat: im Sachenrecht des BGB, alles wie gehabt. Ein wenig irritiert wäre er womöglich wegen des vielen Geredes über LegalTech – als *Hype* würde er das wohl erst nach einigen Wochen sprachlicher Eingewöhnung bezeichnen –, aber alles in allem käme er passabel zurecht; Juristen sind anpassungsfähig. Na gut, auch ans Grundgesetz müsste er sich vielleicht ein wenig gewöhnen, aber er könnte die Weimarer Reichsverfassung fast spurlos überspringen.

So viel es am juristischen Studium und nicht zuletzt den Prüfungen zu kritisieren gibt[2] – für die Zwecke der folgenden Überlegungen dürfen/können/müssen wir davon ausgehen, dass es erstmal bleibt, wie es ist. Nur am Rande sprechen wir also über ein Jurastudium, wie es sein könnte. Wir erwähnen das an passender Stelle immer einmal wieder, wollen hier aber keine systematische Kritik des Jurastudiums vorlegen.

Obwohl es ein kurzer Text ist, haben wir ihn zu sechst verfasst. In der Hoffnung, damit die subjektiven Verzerrungen zu vermeiden, die man gar nicht bemerkt, wenn man allein schreibt.[3] Wir setzen auf ein gedrucktes Buch als Informationsquelle, weil wir gesehen haben, wie viele unbrauchbare Ratschläge es im Internet gibt. Auch haben wir beim Schreiben versucht, nicht zuletzt **Erstakademiker** in den Blick zu nehmen, also Menschen aus Familien, in denen vorher niemand studiert hat. Wer viele Juristen in der Familie hat, findet leicht wohlwollende und geduldige Beratung; aber ohne akademisch ausgebildete Vorfahren kann man ein wenig Hilfe vielleicht gut gebrauchen (von uns war nur einer durch die Berufe der Eltern juristisch vorbelastet).

---

2   Eine Übersicht zu den Reformvorschlägen der letzten zwei Jahrzehnte finden Sie unter t1p.de/ks132.
3   Wir verantworten den Text gemeinsam. Die Ausgangsfassungen der einzelnen Kapitel stammen von Barbara *Lange* (Kapitel 5 und 7), Denis *Basak* (Kapitel 3, 10 und 11), Jörn *Griebel* (Kapitel 1, 2 und 14), Florian *Gröblinghoff* (Kapitel 13), Tomas *Kuhn* (Kapitel 8) und Roland *Schimmel* (Kapitel 4 und 6) sowie *Griebel/Schimmel* (Kapitel 9 und 12).

Das Buch ist **kein Studienführer Jura**, der Sie nach begonnenem Studium sinnvoll begleitet. Davon gibt es mehrere (und wir empfehlen einige im Anhang). Wir möchten mit Ihnen nicht die Details Ihrer späteren Schwerpunktbereichswahl erörtern und Sie auch nicht in der Frage coachen, wie Ihr heimischer Arbeitsplatz optimal aussehen sollte oder wo Sie BaföG-Leistungen beantragen können. Darüber sprechen wir nur ganz am Rande.

Was das Buch ganz sicher nicht leistet, sind 500 Spezial-Tipps für Juristen, also eine Anleitung, wie man geschickt durchs Studium und das Examen kommt – und zwar jeweils mit 18 von 18 möglichen Punkten in den Prüfungen. Wenn Sie mit Lern- und Lebenshilfen dieses Zuschnitts[4] ernsthaft gut und erfolgreich arbeiten, gehören Sie vorerst nicht zu unserer Zielgruppe.

2. Sprachgebrauch – ein wenig Begriffsverständnis

Wir sprechen in diesem Buch im Wesentlichen vom „klassischen" Jurastudium mit **zwei „Staatsexamina"**. Auf verwandte Studiengänge und Alternativen wie etwa das Studium des Wirtschaftsrechts (eine Kombination aus wirtschaftsrechtlich relevanten juristischen Themen und Fragen der Betriebswirtschafts- und Volkswirtschaftslehre) gehen wir erst am Ende in Kapitel 12 ein. Die Staatsexamina heißen seit Jahren im Gesetz offiziell *Erste Prüfung* und *Zweite Staatsprüfung*. Der alltägliche Sprachgebrauch ist aber weitgehend uneinheitlich; hier bleiben wir nah am Wortlaut des Gesetzes. Wo von *Erster Prüfung* die Rede ist, ist daher nicht die erste Klausur gemeint, die Sie im Studium schreiben, sondern die das Studium abschließende Prüfung („das Examen"). Die Zweite Staatsprüfung und das Referendariat davor behandeln wir übrigens nur ganz kurz, einerseits weil beides im Augenblick Ihrer Studienwahlentscheidung noch fünf bis sieben Jahre in der Zukunft liegt, andererseits weil es immer wieder Leute gibt, die das Referendariat gar nicht erst antreten.

---

4   Jan *Niederle*: 500 Spezial-Tipps für Juristen – wie man geschickt durchs Studium und das Examen kommt, 16. Auflage, Altenberge 2022, vielleicht auch Stefan *Jönsson*: Wie Sie eine 18-Punkte-Klausur schreiben – Die Kunst des juristischen Gutachtenstils, 3. Auflage, Berlin 2016.

Weiter sprechen wir in diesem Text fast immer von *Jura*, wenn wir *Rechtswissenschaften* meinen. Das ist kürzer und allgemein verbreitet. Zudem lassen sich unter *Jura* eine Reihe rechtlicher Dinge fassen, die nicht eindeutig unter *Wissenschaften* fallen.

3. Roter Faden unserer Themen

Welche Fragen verhandelt das Buch nun im Einzelnen? Die Kapitel sind sehr unterschiedlich, und man sollte im Inhaltsverzeichnis schauen (oder hier kurz weiterlesen), welche Themen für den Anfang besonders interessant sind; man muss nicht streng nach der Reihenfolge vorgehen.

In den **ersten drei Kapiteln** geht es uns darum, Mut zu machen und die mitunter versteckte Faszination von Studium (Kapitel 1) und Beruf (Kapitel 2) herauszuarbeiten. Denn wer über Jura nachdenkt, tut gut daran, das Studium und den späteren Beruf auseinanderzuhalten. Aussagen über das eine treffen nicht immer für das andere zu – und umgekehrt. Mancher wird im Beruf glücklich und erfolgreich, der sich im Studium gequält hat. Mancher, dem das Studium leichtgefallen ist, tut sich im Beruf schwer, wenigstens anfangs, manchmal auch dauerhaft. Die ersten beiden Kapitel werden ergänzt von ein paar klärenden Überlegungen zu einem der großen Klischees: Sind Jurastudium und berufliche Tätigkeiten im juristischen Bereich eigentlich nur etwas für trockene Staubfresser (Kapitel 3)?

Im **vierten Kapitel** fragen wir etwas allgemeiner, mit welchen Interessen und Talenten man wohl einen guten Einstieg ins Jurastudium findet. Wir erörtern dort aber auch Haltungen, die es zu einer unnötigen Quälerei werden lassen können. So können Sie sich selbst ein wenig prüfen.

Weil im Moment das Studium noch als unbekanntes Feld vor Ihnen liegt, stellen wir in **Kapitel 5** dessen wichtigste Themen und Inhalte vor, zusammen mit einer Übersicht über die Prüfungsleistungen, die Sie früher oder später erbringen müssen. Hier geht es um Fakten, Fakten, Fakten, und davon gibt es reichlich. So werden u.a. Fragen zum möglichen Studienort aufgeworfen und Tipps zu dessen Auswahl gegeben.

Das **sechste Kapitel** widmet sich einigen nicht leicht greifbaren „atmosphärischen" Besonderheiten, auf die man sich besonders im juristischen Studium einstellen sollte. Die wenig veränderten Rahmenbedingungen von Studium und Prüfung haben über die vielen Jahrzehnte irgendwie eine Gesamtstimmung erschaffen, die nicht immer förderlich ist für Ihr Seelenheil.

Die nächsten vier Kapitel befassen sich mit verschiedenen Aspekten des Lernens im Jurastudium. In einem grundlegenden Kapitel (**Kapitel 7**) erklären wir, worin die große Herausforderung besteht: Man darf die Themen, die man heute gelernt hat, nicht in einem Monat schon wieder vergessen haben, man muss „nachhaltig" lernen. Denn alles baut aufeinander auf, und im Examen braucht man alles. Wie ein sinnvoller Lernansatz im Kern aussehen kann, versuchen wir hier zu beschreiben.

Diese Überlegungen fassen wir dann etwas konkreter, wenn es um die juristische Arbeitstechnik geht und um Fehler, die dabei immer wieder auftreten (**Kapitel 8**). Die Bereitschaft, Fehler zu machen und aus diesen zu lernen, ist im Jurastudium ganz zentral. In diesem Abschnitt zeigen wir Ihnen daher die meisten Beispiele aus dem Tagesgeschäft des Studierens und ermutigen Sie, mal ein wenig im Gesetz nachzulesen.

Das neue **Kapitel 9** sagt ein paar mahnende und warnende Worte zur Ersten Juristischen Prüfung; man darf die nicht unterschätzen.

Auch die Frage des Auswendiglernens möchten wir besonders beleuchten (**Kapitel 10**): Auswendiglernen wird nämlich deutlich überschätzt und ist ein wenig sinnvoller Ansatz im Jurastudium.

Sodann zeigen wir, dass das manchmal mühselige Lernen den meisten Menschen leichter fällt, wenn sie Lerngruppen bilden (**Kapitel 11**), und dass die anstrengenden Seiten des Studiums leichter auszuhalten sind, wenn man Freud und Leid teilen kann.

Eine immer beliebter werdende Alternative zum Jurastudium skizziert **Kapitel 12**: Wirtschaftsrecht an Universitäten und Fachhochschulen. In vielen Ausbildungs- und Studiengängen im Öffentlichen Dienst spielen rechtliche Themen eine zentrale Rolle; darauf lenken wir Ihre Aufmerksamkeit in **Kapitel 13**.

Nicht nur das Jurastudium ist eine Herausforderung, Studieren ist es generell, weil die Universität doch ganz anders funktioniert als die Schule. Bedeutende Unterschiede haben wir im letzten Kapitel (**Kapitel 14**) kompakt hervorgehoben. Dieser sollte man sich von Anfang an bewusst sein, damit man schnell an der Universität ankommt.

Nach dem kurzen Schlusswort finden Sie zur Abrundung eine kleine Liste nützlicher Begleitliteratur zum Jurastudium – falls Sie mehr lesen wollen.

KAPITEL 1

Jura als Studienfach
oder: Eine Welt, die faszinieren kann...

Wie einleitend angesprochen hätten wir dieses Buch nie geschrieben, wenn wir das Jurastudium bzw. die Rechtswissenschaft nicht aus vollem Herzen empfehlen könnten. Es gibt aber im Studium etliche Fallstricke, auf die wir vorbereiten wollen und von denen noch eingehend die Rede sein wird. Die haben auch uns das Leben schwergemacht und vielleicht dazu beigetragen, dass unsere Freude am Fach zu lange getrübt wurde.

Darum haben wir viele Kapitel der Frage gewidmet, wie man einen guten Weg durch die Herausforderungen des Studiums hindurch findet. Zuerst soll aber ein wenig von der Faszination beschrieben werden, die man in der Rechtswissenschaft entdecken kann. Das Fach und sein Stoff haben das Potenzial, den allermeisten richtig Spaß zu machen (auch wenn man das dann nie offen zugeben würde). Das Studium ist definitiv horizonterweiternd, man kann eine Menge mitnehmen, nicht zuletzt auch Allgemeinwissen über unsere Gesellschaft und deren Organisation.

1. Regeln, von Menschen für Menschen geschaffen – und eben keine Raketenwissenschaft

Ein früherer Präsident des Bundesverfassungsgerichts hat das deutsche Jurastudium einmal als eines der schwersten Studienfächer der Welt bezeichnet. Dies ist sicher nicht falsch, wenn man bedenkt, dass es im Bachelor-/Master-System weltweit kaum noch Fächer gibt, die allumfassende Prüfungen an das Ende des Studiums stellen. Darin liegt wirklich eine Herausforderung, der man aber mit den richtigen Lerntechniken und -strategien gerecht werden kann (hierzu eingehend ab Kapitel 7). Jedenfalls ist die Rechtswissenschaft keine „Raketenwissenschaft", auch wenn einzelne Professoren sie unterrichten, als sei sie anspruchsvoller als alle Naturgesetze zusammen.

Vielmehr besteht Recht aus Regeln, die Menschen für Menschen geschaffen haben. Sie betreffen uns alle und werden täglich milliardenfach angewendet. Es sind die Regeln für unser Zusammenleben, und als solche sind sie – auch wenn sie komplex sein mögen – nach einer guten Erklärung für fast alle nachvollziehbar.[1] Und hier beginnt auch schon die Faszination des Themas:

Die Regeln sollen uns und der Gesellschaft dienen – aber tun sie das auch? Und ginge es nicht noch besser? Sind sie ausreichend, sehen sie die richtigen Lösungen vor? Regeln beruhen auf Wertentscheidungen, die auch immer zu den Überzeugungen der jeweiligen Gesellschaft passen sollten, weil sie sonst nicht akzeptiert und beachtet werden. Gleichzeitig muss es aber Regeln geben, die unabhängig von den aktuellen politischen und gesellschaftlichen Mehrheitsmeinungen gelten (Menschenrechte, Minderheitenrechte, Staatsprinzipien wie das Rechtsstaatsprinzip, das etwa staatliche Willkürherrschaft verbietet). Hier gibt das Recht viele spannende Antworten, die Ihnen helfen werden, Ihre Umwelt zu verstehen und allmählich ein Gespür dafür zu entwickeln (Juristen nennen es Judiz), wie Ereignisse rechtlich zu bewerten sind.

So geht es in der Rechtswissenschaft auch immer um Gerechtigkeit, wen sollte das überraschen? Aber die Gerechtigkeitsfragen stehen nicht immer in der ersten Reihe, sie verstecken sich hinter den Artikeln und Paragraphen, die hoffentlich ein gerechtes Gesamtsystem bereitstellen (zur Gerechtigkeit noch eingehender unten in Kapitel 3). Und natürlich werden diese Regeln von einem demokratisch legitimierten Gesetzgeber geschaffen, der seine Macht nicht missbrauchen darf. Weder die Regierung noch das Parlament oder die Gerichte stehen über dem Recht – das Recht steht über ihnen. Wir nennen dies die „Herrschaft des Rechts", ein bedeutendes Prinzip des Staatsrechts (abgebildet auf dem Buchumschlag).

---

1   Der Anspruch der Nachvollziehbarkeit für alle wird deutlicher bei Gesetzen, die sich an jedermann richten (etwa dem Strafgesetzbuch, auch wenn es schon etwas für Fortgeschrittene ist, den Betrugsparagraphen § 263 richtig zu verstehen); weniger leicht zu erfüllen ist der Anspruch bei Gesetzen, die nur für wenige Experten geschrieben werden (man denke an die Aufsicht über den Finanzmarkt).

2. Das Recht hat viele Möglichkeiten, Streitigkeiten vorzubeugen – welche sind die besten?

Da jede Regel dazu beiträgt, Streitigkeiten zwischen Menschen, Unternehmen oder staatlichen Stellen zu vermeiden oder zu lösen, kann auch jeder Rechtsbereich interessant unterrichtet werden. Das Problem ist allerdings – und hier möchten wir uns als Dozenten selbst nicht ausnehmen –, dass die eigentlich interessanten Themen allzu oft mit einer kühlen Sachlichkeit unterrichtet werden, die tatsächlich an die Naturwissenschaften erinnert. Dabei kann man sich ganz wunderbar über alles Mögliche streiten, und viel weniger ist in Stein gemeißelt als man glaubt. Dies erkennt man besonders deutlich, wenn man für ein oder zwei Semester ins Ausland geht. Dort werden oft auf ganz anderen Wegen identische oder auch gegenteilige Lösungen für Rechtskonflikte gefunden. Das ist höchst faszinierend, wirft es doch die Frage auf, ob denn die eigenen Regelungen tatsächlich – wie wir uns einbilden – die besten Lösungen für das Zusammenleben von Menschen sind.

Zugegeben, dies sind Fragen, zu denen man in den meisten Rechtsbereichen erst nach längerem Studium kommt, aber man kommt zu ihnen! Ein System muss verstanden werden, bevor man es sinnvoll hinterfragen kann. Und das ist durchaus fordernd, weil es zunächst gilt, ein bestimmtes – von anderen vorgedachtes und entworfenes – Regelsystem zu verstehen, wenn man Reformgedanken entwickeln will. Aber auch in diesem Prozess wird man immer wieder auf interessante Konzepte und Regelungen stoßen. Mitunter sind sie über Jahrhunderte und gar Jahrtausende gewachsen und galten schon im Römischen Reich.

3. Die Wahrheit liegt in der Anwendung des Rechts

Was das deutsche Recht für manche so interessant macht und von anderen Rechtssystemen unterscheidet, ist seine ausgeprägte Dogmatik. Dieser Begriff wird immer wieder unterschiedlich verstanden und eingesetzt. Hier meint er die Schaffung und Anwendung eines möglichst schlüssigen Regelwerks, aus dem sich auch Lösungen herleiten lassen, wenn es an einer konkreten Norm einmal fehlt. Aber wie funktioniert das, welche Methoden und Kniffe gibt es, die Regeln zu verstehen und bestehende Lücken im Gesetz zu schließen? Wie geht man mit Normen um, die vom Wortlaut nur beschränkt auf den zu bearbeitenden Fall passen? Wie also legt man Begriffe in Normen aus und wo sind die Grenzen dieser Auslegung? Man spricht im Kontext solcher Fragen oft vom juristischen Handwerk. Dies ist ebenfalls ausgesprochen interessant und zudem das tägliche Brot in zahlreichen juristischen Berufen. Fast immer kann man zu unterschiedlichen Standpunkten kommen, was auch ein Grund für die vielen Gerichtsverfahren ist.

Das im Studium ständig praktizierte Entscheiden von Fällen zeigt zudem, dass es im Recht – anders als in der Naturwissenschaft mit ihren unbeeinflussbaren Gesetzen – keine objektiven Wahrheiten gibt. Natürlich wäre es falsch, einen Konflikt im Bereich des Kaufrechts mit Regeln des Werkvertrags anzugehen. Aber gerade die letzten Jahre haben gezeigt, dass etwa die Rechtmäßigkeit einer Corona-Maßnahme sowohl von Gerichten als auch in der wissenschaftlichen Diskussion sehr unterschiedlich bewertet werden kann (drei Juristen – fünf Meinungen). Oft gibt es nicht die zwingend einzige Lösung für ein Rechtsproblem, mehrere Entscheidungsalternativen können gleichermaßen vertretbar sein. Auf beiden Seiten eines Streits finden sich gute Argumente, aber am Ende wiegen die auf der einen Seite im Auge des Richters schwerer. Und dies bringt Studenten ins Spiel, denn sie haben gerade in den Klausuren die Möglichkeit, sich selbst mit den eigenen Überzeugungen einzubringen. Solange es juristisch überzeugend ist, kann man sich gegen die Rechtsprechung oder herrschende Meinungen stellen. Dies eröffnet Spielräume, die nach anfänglichem Zögern („Wäre es nicht besser, es gäbe immer nur die eine große Wahrheit und ich müsste die nur auswendig lernen?") zumeist wertgeschätzt werden. Man darf mitreden, es ist sogar ausgesprochen erwünscht, sich mit den eigenen Ansichten meinungsstark einzubringen. Dies gibt Studenten eine potenziell aktivere Rolle als in anderen Studienfächern. Leider wird sie zu selten genutzt.

4. Die Vielfalt der Rechtsgebiete

Die deutsche Rechtsordnung umfasst die unterschiedlichsten Rechtsgebiete. Dies liegt daran, dass es so viele unterschiedliche Konfliktkonstellationen gibt. Ein Streit zwischen einem Häuslebauer und einem Handwerker um mangelhafte Installationen und eine überzogene Rechnung (Zivilrecht) wird nach einem anderen Regelwerk entschieden als ein Streit zwischen Bundesorganen (etwa zwischen Bundestag und dem Bundespräsidenten) im Staatsorganisationsrecht oder zwischen Staaten (Völkerrecht). Nicht jeder der zahlreichen juristischen Regelungsbereiche muss einem gleich gefallen. Lässt man sich aber auf die Themen ein, wird man feststellen, dass jedes juristische Thema höchst faszinierend sein kann. Und natürlich sind die Überlegungen, die zu den jeweiligen Regeln der Konfliktlösung geführt haben, sehr unterschiedlich. So hat jeder Rechtsbereich eine eigene Denklogik, die man sich immer wieder vor Augen führen muss. Bereits dies deutet an, was später nochmals vertieft werden soll. Jura kann man sich nicht mit Auswendiglernen erschließen (jedenfalls nicht im deutschen System, in anderen Ausbildungstraditionen mag man das anders sehen und praktizieren; siehe Kapitel 10). Man muss die Logik der verschiedenen Bereiche – das heißt deren jeweilige Regeln in ihrem größeren Zusammenspiel – verstehen und dann auf praktische Fälle anwenden können. Dies sind die eigentlichen Herausforderungen. Manche Lernstrategien der Schulzeit lässt man – wenn man es richtig macht – bald hinter sich. Das ist gut und sollte ebenfalls Grund zur Freude sein.

Die inhaltliche Breite des Fachs ist Teil seines Reizes; das ermöglicht den Zugang für ganz unterschiedlich talentierte Menschen (dazu Kapitel 4). Absolventen können sehr verschiedene berufliche Rollen einnehmen (dazu Kapitel 2). Allerdings steht für viele spätestens im Beruf eine Spezialisierung an, die der von Medizinern ähnelt: Man hat zwar noch eine gemeinsame Fachsprache, aber praktisch keine gemeinsamen Themen mehr. Eine Kehrseite der thematischen Vielfalt ist übrigens eine anspruchsvolle Erste Prüfung, die diese Vielfalt wenigstens ansatzweise abbildet.

5. Jura als intellektuelle Herausforderung

Zugleich ist dies ein Vorteil gegenüber vielen Fächern, in denen
es sich mehr um Wissen dreht, das es auswendig zu lernen und
zu reproduzieren gilt. Jura fordert permanentes Nachdenken über
Regeln in komplexen Systemen. Es geht von Anfang an darum, den
Code des Rechts zu knacken, und dies kann einige Zeit in Anspruch
nehmen. Die dabei gewonnenen Erkenntnisse müssen dann aber
praktisch nutzbar sein, was in Fallklausuren getestet wird. Es kommt
also gerade auch um die Fähigkeit zu einem Transferprozess an,
der Problemlösungskompetenzen voraussetzt. Verständnis (und
Wissen) allein reicht nicht aus. Man wird gefordert, praktische Probleme praxisnah zu entscheiden. Dies ist ebenfalls spannend, weil
es trotz aller Fiktion und Vereinfachung der Prüfungssachverhalte
doch denkbare Fälle sind (zumal es im wahren Leben nichts gibt,
was nicht auch so passieren könnte). In beiderlei Hinsicht (System
verstehen und dessen Regeln praktisch anwenden) intellektuell gefordert zu sein, macht die Sache so interessant. Selbst die bislang
Denkfaulen können hierin eine große Faszination entdecken, wenn
sie sich darauf einlassen.

Vielleicht ist dies ein Grund, warum viele Juristen zu den später noch beschriebenen Besserwissern werden (siehe Kapitel 6).
Jedenfalls hat man manchmal das Gefühl, anderen im Denken
voraus zu sein. Denn Fälle entscheidet man gerade, indem man
die widerstreitenden Interessen der Beteiligten in den Blick nimmt.
Als Jurastudent lernt man gegensätzliche Rechtspositionen und
deren Argumente zu entdecken und abwägend zu entscheiden. So
überrascht es nicht, wenn Juristen bei allem einen Haken finden,
gerade weil sie stets kollidierende Interessen sehen. Dies nennt
man dialektisches Denken (Aufdecken von Gegensätzen in Rede
und Gegenrede, um zu einem besseren Ergebnis zu gelangen).

Es geht also im Jurastudium zentral um die Bereitschaft zum Denken und zum Verstehen. Und so werden die Karten auch zu Beginn
des Studiums neu gemischt. Typischerweise fangen alle Erstsemester bei Null an. Die zu Schulzeiten Erfolgreichen müssen sich neu
beweisen und die weniger Erfolgreichen erhalten eine komplett
neue Chance, die bislang Erfolgreichen zu überflügeln. Hierzu bedarf es aber gerade der Fähigkeiten, die in der einen oder anderen

Ausprägung zum Schulerfolg beigetragen haben: Leidenschaft, Leistungsbereitschaft, Disziplin. Wenn das Studium nicht gelingt, dann liegt es meist an diesen Qualitäten und nicht an fehlender Intelligenz oder Begabung.

6. Möglichkeiten zur Bereicherung des eigenen Studiums

Zudem gibt Ihnen das Jurastudium viele Möglichkeiten, dieses selbst zu bereichern. Sie können sich in einer der an Jurafakultäten inzwischen zahlreich vorhandenen *Law Clinics* (studentische Rechtsberatung) engagieren, mit der *European Law Student Association* die Welt der internationalen Sommerschulen erkunden, mit Erasmus oder selbst organisiert ins Ausland gehen, sich für die Fachschaft (Studentenvertretung an der Universität) engagieren, die Pflichtpraktika als echte Erfahrungsräume nutzen (statt eines Praktikums im Nullachtfünfzehn-Stil). Der Raum für zivilgesellschaftliches Engagement ist riesig, man muss ihn nur nutzen. Sie können sich an Ihrer Fakultät hilfreich einbringen, Verantwortung übernehmen und damit in Ihrer Persönlichkeit wachsen. Und nebenbei findet man in diesen Räumen oft die Leute, die am besten zu einem passen und mit denen man mit Lerngruppen durch alle Herausforderungen des Studiums hindurchsteuert. Sollten Sie besondere Vorlieben für andere Studienfächer haben, dann ist auch die Zeit vorhanden, dort reinzuschnuppern und Verständnisbrücken zur Rechtswissenschaft aufzubauen.

Man könnte beliebig mehr Gründe für ein Jurastudium finden, aber vielleicht war schon der eine oder andere dabei, der Sie gerne weiterlesen lässt. Wenn nicht, helfen hoffentlich die interessanten Berufsaussichten, denen sich das kommende Kapitel widmet.

KAPITEL 2

Unendliche Weiten
oder: Jura als Beruf

Nachdem im vorausgehenden Kapitel der Reiz des Studiums skizziert wurde, wollen wir hier einen Blick in Richtung Ihrer beruflichen Zukunft werfen. Auch die Möglichkeiten, die das Jurastudium in dieser Hinsicht eröffnet, geben großen Anlass zu Optimismus. Sie sind so vielfältig, dass jedes Talent für sich ein Betätigungsfeld finden kann, das auch langfristig gefällt und erfüllt. Natürlich gäbe es zu den Berufsfeldern bzw. möglichen Karrieren von Juristen sehr viel zu sagen. Hier wollen wir uns trotzdem kurzfassen. Es soll deutlich werden, dass das Jurastudium eine bemerkenswerte Bandbreite an Möglichkeiten eröffnet und dass sich für alle noch so unterschiedlichen Talente vielseitige und interessante berufliche Möglichkeiten ergeben werden.

1. Klassische und weniger klassische juristische Berufe

Mit dem klassischen universitären Jurastudium samt anschließendem Referendariat (und den jeweiligen Examina) macht man sich als sogenannter Volljurist zunächst auf den Weg in Richtung der klassischen Juristenberufe: Richter, Staatsanwalt, Rechtsanwalt, Verwaltungsjurist. Für Absolventen eines wirtschaftsrechtlichen Studiengangs (etwa Deutsches und Europäisches Wirtschaftsrecht, Bachelor/Master) gilt das nicht. Diese sind zwar interdisziplinär oft exzellent ausgebildet (wirtschaftsrechtliche Themen inkl. Betriebswirtschaft und Volkswirtschaft) und in den spezifisch wirtschaftsrechtlichen Fächern womöglich noch deutlich besser als Juraabsolventen, aber nicht berechtigt, die genannten klassischen Berufe auszuüben (für sie ergeben sich aber ebenfalls gleichermaßen breite wie interessante Beschäftigungsmöglichkeiten). Nur mit dem zweiten (Staats-)Examen ist man rechtlich für den Richterberuf und zugleich auch für die Staatsanwaltschaft und Anwaltschaft qualifiziert.

In den klassischen Berufen arbeiten ca. 8% aller Juristen als Richter und Staatsanwälte sowie ca. 40% als Rechtsanwälte und Notare. Aber auch hier gibt es vielfältige Möglichkeiten, sich auf interessant erscheinende Rechtsgebiete oder Themenfelder zu spezialisieren. Für Freunde von Krimis und (realitätsfernen) Fernsehgerichtsshows ist es vielleicht überraschend, dass es neben dem Strafrichter noch viele andere Fachrichter gibt. Angelehnt an die Gerichtszweige braucht es Zivil- und Strafrichter (in der sogenannten ordentlichen Gerichtsbarkeit), aber auch Arbeitsrichter, Sozialrichter, Verwaltungsrichter, Finanzrichter (Steuerrecht) und Verfassungsrichter (sowohl des Bundes wie auch in den einzelnen Bundesländern). In Rechtsanwaltskanzleien ist die Bandbreite der Spezialisierung oft noch viel größer. Neben den (vermeintlichen) Alleskönnern gibt es Fachleute im Medienrecht, Markenrecht, Handels- und Gesellschaftsrecht, Kartellrecht, Europarecht oder dem internationalen Recht. Spezialisten arbeiten im Team mit anderen Anwälten in kleineren, mittelgroßen, großen Kanzleien, die national oder international agieren. Es gibt daher nach der Zulassung als Anwalt in der Berufspraxis nicht den typischen „Anwaltsberuf", denn die Art der Anwaltstätigkeit kann sich sehr unterscheiden. Teils sind sie forensisch tätig, d.h., sie vertreten Mandanten vor Gericht. Teils konzentrieren sie sich auf die rechtliche Beratung von Unternehmen und anderen Mandanten (Vertragsgestaltung etc.). Selbst in der Staatsanwaltschaft, die sich mit Straftätern befasst, gibt es die unterschiedlichsten Sachgebiete, etwa für allgemeine Strafsachen, Kapitalstraftaten (hiermit sind – vielleicht entgegen der Erwartung von Nichtlateinern – Mord, Totschlag oder Raub mit Todesfolge gemeint), Wirtschaftsstraftaten, politische Straftaten oder Jugendstrafrecht.

Daneben finden viele Volljuristen den Weg in die öffentliche Verwaltung, die Exekutive, zu der neben der Kommunalverwaltung (Städte, Gemeinden) und der Landesverwaltung (Landesregierung samt Landesministerien) etwa auch die Bundesministerien (Bundeswirtschaftsministerium, Auswärtiges Amt etc.) zählen. Hier entwerfen sie Gesetze oder Verordnungen, planen Radwege, genehmigen Windparks in der Nordsee, entscheiden über Einbürgerungen und Ausweisungen, jagen Kriminelle bei der Polizei und Spione bei den Geheimdiensten oder helfen gestrandeten Mitbürgern in Konsulaten im Ausland.

Juraabsolventen arbeiten außerdem als Justiziare oder Syndikusanwälte in internationalen Konzernen bzw. kleinen und mittleren Unternehmen (KMU) und kümmern sich um alle dort auftretenden Rechtsfragen. Mitunter sind sie hier mit einer unternehmerischen Selbstkontrolle befasst (*Compliance*), welche sicherstellt, dass das eigene Unternehmen alle gesetzlichen Regeln einhält, um hohe Bußgelder zu vermeiden.

Zudem sind gerade in den letzten Jahren Legal-Tech-Unternehmen wie Pilze aus dem Boden geschossen. Hier arbeiten Juristen mit Neigung zum Programmieren an Softwarelösungen für den Rechtsmarkt. Zu ihnen gehören beispielsweise Anbieter, die Entschädigungen für Flugverspätungen im Auftrag der Betroffenen geltend machen.

Man findet deutsche Volljuristen darüber hinaus weltweit in NGOs (Nichtregierungsorganisationen wie *amnesty international* oder *Greenpeace*). Diese setzen sich für Menschenrechte oder Umweltbelange ein, verfassen Stellungnahmen, planen Aktionen oder Demonstrationen, erheben Umweltklagen (Kernkompetenz der Deutschen Umwelthilfe) oder begleiten die Klagen oder Beschwerden Betroffener auf der ganzen Welt (*Human Rights Watch*). Natürlich arbeiten viele Juristen auch in internationalen Teams bei internationalen Organisationen (etwa der Europäischen Union, den Vereinten Nationen (UN), der NATO etc.) oder als Interessenvertreter von Verbänden und Lobbyorganisationen in Berlin oder Brüssel. Letztere versuchen im Interesse des eigenen Verbandes, Einfluss auf Entscheidungträger (etwa Abgeordnete) zu nehmen und so neue Gesetze in ihrem Sinne in eine bestimmte Richtung zu lenken.

Da Juristen die Kunst, mit Wörtern umzugehen, oft liegt, ist es nicht überraschend, dass viele ausgezeichnete Journalisten Jura studiert haben (etwa *Claus Kleber*). Selbst unter Schriftstellern und Literaten findet man welche (so *Ferdinand von Schirach*, nicht zuletzt auch schon *Goethe*, *Kafka*, *Tucholsky* oder *García Márquez*). Und natürlich sind sie auch in der Politik prominent vertreten. Im aktuellen Bundestag mit seinen 736 Abgeordneten stellen Absolventen der Rechts- und Staatswissenschaften die größte Gruppe (187). In der Landes- und Kommunalpolitik gilt dies entsprechend. Es ist eben von Vorteil, wenn man sich intensiv mit dem eigenen Rechtssystem, speziell dem Öffentlichen Recht, auseinandergesetzt hat. Es passiert sogar, dass Jurastudenten oder -absolventen Berufe in Feldern ergreifen, in denen juristische Vorkenntnisse kaum nützlich sind, etwa in der Schauspielerei (etwa *Gerard Butler*, der als Student Vorsitzender der Law Society seiner Universität war, oder *Rebel Wilson* alias *(former) Fat Amy* aus *Pitch Perfect*), im Sport (*Thomas Bach*, der Präsident des Internationalen Olympischen Komitees) oder der Musik (*Herbert Grönemeyer*).

2. Besondere Talente und Fähigkeiten

Die Bandbreite möglicher Betätigungsfelder deutet an, dass es je nach gewähltem Beruf auf ganz unterschiedliche Talente ankommen wird. Ein deutscher Amtsrichter wird selten in die Verlegenheit kommen, eigene Fremdsprachenkenntnisse einzusetzen, weil die Gerichtssprache Deutsch ist. Der Mitarbeiter der Vereinten Nationen wird hingegen zumeist mehrere Sprachen beherrschen. Aber anders als der Amtsrichter muss er vielleicht nicht permanent Entscheidungen treffen und hierfür die Verantwortung übernehmen. Letzteres verlangt Entscheidungsfreudigkeit und -bereitschaft, eine Qualität, die vielleicht nicht alle mitbringen. Manche Betätigungsfelder sind mehr für „Rampensäue" geschaffen, die die große Bühne lieben, andere für die stillen, sauber arbeitenden Menschen im Backoffice (hier arbeiten angestellte Wirtschaftsjuristen (Bachelor und Master) und Anwälte den Kanzleipartnern bei ihren Fällen zu; typischerweise betreuen diese keine eigenen Mandate).

So ist es jedem Assessor (das sind Volljuristen mit Zweiter Juristischer Staatsprüfung) möglich, eine Tätigkeit zu finden, die zu den eigenen Talenten und Vorlieben, aber vielleicht auch zu den eigenen Schwächen passt. Wer nicht gerne als Lautsprecher in der ersten Reihe steht, findet seinen Platz hinter den Kulissen. Wer hingegen stark in Sprachen ist und diese gerne einsetzt, kann in internationalen Kontexten große Zufriedenheit finden. Die Freude an der wissenschaftlichen Forschung oder/und der juristischen Lehre kann eine akademische Karriere inspirieren. Für alle ist etwas dabei. Die Bandbreite juristischer Betätigungsfelder ist und bleibt riesig. Und wer besondere Interessen oder Kenntnisse hinsichtlich anderer Fächer (Geschichte, Sozialwissenschaft, Medizin etc.) mitbringt, wird Berufsfelder finden, in denen diese nützlich sind (etwa Rechtsgeschichte, Rechtssoziologie, Medizinrecht). Wer heute ein Jurastudium beginnt und anfangs der 2030er Jahre auf den Arbeitsmarkt kommt, wird zudem von der dann anstehenden Pensionierungswelle im Justizdienst (und in der Anwaltschaft) profitieren.

Neben demographischen Großtrends werden für künftige Juristen gewiss auch technologische Entwicklungen eine wichtige Rolle spielen. Die Digitalisierung wird in den nächsten zehn Jahren aller Wahrscheinlichkeit nach für Umbrüche sorgen. Auch deshalb ist dieses Kapitel so kurz: Die juristische Berufslandschaft Anfang der 2030er Jahre wird nicht genau dieselbe sein wie heute.

So haben wir in den ersten beiden Kapiteln versucht, den Blick für die reizvollen Aspekte von Studium und juristischer Berufswelt zu weiten. Wer immer noch nicht überzeugt ist und das Studium für knochentrocken hält, muss in die Strafrunde und zumindest das nächste Kapitel lesen (oder das Buch jetzt ganz schnell weglegen und sich freuen, eine gute Entscheidung gegen das Jurastudium getroffen zu haben).

KAPITEL 3

Eine Zukunft als Staubfresser?

oder: Ist Jura knochentrocken?

Jura als Studienfach ist bei vielen mit der Vorstellung verbunden, sich durch Unmengen langweiliger Texte arbeiten zu müssen. Es gibt keine spannenden Experimente, man verbringt keine Zeit in Laboren oder Werkstätten. Anders als etwa die Medizin, Architektur oder viele Ingenieurwissenschaften hat Jura keine handwerkliche Komponente (außer Lesen, Schreiben und Tippen). Es gibt keine eigenen empirischen Studien und auch keine Feldforschung wie bei Anthropologen oder Archäologen. Studenten haben es in aller Regel noch nicht einmal mit Entdeckungsreisen in historische Quellen zu tun wie Geschichtswissenschaftler. Von daher hat Jura den Ruf, ein sehr trockenes Fach zu sein – und ganz kann man dem nicht widersprechen.

1. Abstrakte Lerninhalte

Der Kern der Rechtswissenschaft ist ihr analytischer Ansatz, bei dem es darum geht, die über allem stehende Frage nach der Rechtmäßigkeit (einer privatrechtlichen Forderung, eines strafrechtlich zu prüfenden Verhaltens, einer behördlichen Maßnahme etc.) in so kleine Einzelfragen zu zerlegen, dass diese dann möglichst rational diskutiert werden können und man so ein Ergebnis als in allen Einzelaspekten plausibel begründet darstellen kann. Die Werkzeuge dazu sind detaillierte Kenntnisse und Fertigkeiten im Umgang mit derart zerlegten Normtexten. Die Materialien, anhand derer man sich dies erarbeitet, sind Gerichtsentscheidungen und rechtswissenschaftliche Texte, die sich um eine (halbwegs) einheitliche Gesamtsystematik bemühen. Das klingt nach sehr abstrakten und theoretischen Lerninhalten, die schwer zu verstehen und zu erarbeiten sind.

Dieser erste Verdacht ist nicht ganz falsch: Damit man sich Jura als Fach wirklich erarbeiten und dann mit juristischen Fragestellungen souverän und eigenständig umgehen kann, braucht es viel theoretisches Wissen. Richtig ist zudem, dass dieses Wis-

sen sowohl in schriftlichen Lernunterlagen – vom Vorlesungs-
skript bis zum Lehrbuch – als auch in Lehrveranstaltungen an den
Hochschulen oft sehr abstrakt dargestellt wird. Gerade wenn –
was immer noch der Standard an sehr vielen Hochschulen ist –
die Teilfächer „von vorne" behandelt werden, etwa im Straf- und
Zivilrecht, wo zunächst der „Allgemeine Teil" Erstsemesterthe-
ma ist, kann das für Studienanfänger ausgesprochen schwer er-
schließbar wirken. Denn in der Gesetzessystematik übernehmen
diese „Allgemeinen Teile" die Funktion eines mathematischen
Gleichungsteils, der vor die Klammer gezogen wird: Was für alle
hinteren Teile des Gesetzes gilt, wird nach vorne ausgelagert. Hat
man als Studienanfänger aber noch gar kein Gefühl dafür, worum
es etwa im Zivilrecht geht, kann eine erste Vorlesungswoche zur
Rechtsgeschäftslehre und dem Zugang von Willenserklärungen
schnell wie eine fremde Welt erscheinen, in der man die Fragen
noch nicht versteht und daher die präsentierten Antworten in keinen Zusammenhang setzen kann.

Das Puzzle dessen, was das Fach ausmacht, setzt sich für viele
erst viel später im Studium soweit zusammen, dass der berüch-
tigte Moment kommt, in dem es „Klick" macht und das Gefühl
entsteht, den Sinn des Ganzen zu erkennen. Das Bild vom Mosa-
ik, das man erst mit einem gewissen Abstand im Ganzen erfassen
und entschlüsseln kann, passt hier recht gut.

Es gibt an einigen Hochschulen Bemühungen, dieses Defizit
durch Einführungsveranstaltungen oder eine Umorganisation
des Lehrstoffs abzumildern. Überwiegend müssen Studenten der
Rechtswissenschaft aber wohl Geduld mitbringen und ein Grund-
vertrauen, dass das Verständnis vielleicht nicht von Anfang an da
ist, aber noch kommen wird. Das ist in vielen anderen Fächern
nicht anders – Mathematik etwa ist dafür berüchtigt, dass die Studienanfänger erst einmal nichts verstehen.

2. Verbindung zur eigenen Lebenswelt –
   aber nur in einer bestimmten Form

In anderer Hinsicht ist ein Jurastudium aber auch näher am eigenen
Leben als viele andere Fächer. Der Stoff wird nämlich inzwischen
fast durchgehend und von Anfang an nicht nur abstrakt vorgetra-
gen, sondern an Beispielen veranschaulicht – oft mit realen Fällen

aus der Rechtsprechung. Praktisch ab der ersten Vorlesung, spätestens im ersten Tutorium, werden Jurastudenten dazu gebracht, das abstrakte Wissen an konkreten Fallbeispielen anzuwenden (dazu unten mehr in Kapitel 8).

Eigentlich wird das Arbeiten am konkreten Fall als guter Weg aus einer rein abstrakten Wissenspräsentation betrachtet, und es ist eine gute Schulung in Strukturierungs- und Darstellungsmethoden für eine fachgerechte anschlussfähige Argumentation. Zudem führt es von Anfang an vor Augen, dass Juristen gerade nicht nur gelehrte Debatten im Elfenbeinturm abhalten, sondern dass die behandelten Fragen unmittelbaren und realen Einfluss auf das Leben von Menschen haben, die in ähnliche Situationen geraten.

Sind die Beispiele gut gewählt, wird vor allem zu Beginn des Studiums eine Verbindung zur Lebensrealität der Studenten hergestellt, so dass diese sich in solche Fallbeispiele hineinversetzen können. Sie haben so die Chance zu erkennen, dass es nicht bloß um akademische Debatten geht, sondern um Gerechtigkeitsfragen. Wenn das den Lehrenden gut gelingt, werden Vorlesungen und Tutorien spannend und interessant und bieten über die Veranstaltung hinaus noch Diskussionsstoff. Bespricht man beispielsweise, ob eine Politikerin im Netz unter Berufung auf die Meinungsfreiheit wegen einer ihr untergeschobenen Äußerung wüst beschimpft werden darf,[1] hat man auch noch für das kommende Abendessen Gesprächsstoff, der selbst Menschen interessiert, die nicht Jura studieren.

Eine Besonderheit des deutschen Jurastudiums ist es allerdings, dass diese Bearbeitung von Fällen von Anfang an verbunden wird mit der Technik zur Erstellung einer bestimmten Textgattung: dem juristischen Gutachten. Der sogenannte Gutachtenstil ist eine kunstvolle, aber zugleich künstliche Form der Textproduktion. Sie beinhaltet strikte Regeln der Strukturierung und Darstellung von Begründungen. Diese bilden einen eigenen fachsprachlichen Kosmos, innerhalb dessen man unter Fachleuten argumentieren kann. Der große Vorteil einer so durchregulierten Fachsprache ist es, mit einem hohen Grad an Rationali-

---

1   Wer inhaltlich daran Interesse hat, kann „1 BvR 1073/20" in die Suchmaschine eingeben und kommt zu einem Beschluss des Bundesverfassungsgerichts vom 19.12.2021, der diese Frage erörtert.

tät sehr komplexe Probleme durcharbeiten zu können. Selbst
wo man inhaltlich unterschiedlicher Ansicht ist, lernt man,
Diskussionen auf den Punkt zu bringen und es zu vermeiden,
fruchtlos und ungezielt immer nur das Große und Ganze auf
einmal diskutieren zu wollen und dabei aneinander vorbeizu-
reden.

Der Nachteil dieser anspruchsvollen Fachsprache ist es, dass
man anfangs völlig damit ausgelastet ist, deren Prinzipien (und
hoffentlich später auch Feinheiten) zu begreifen und anwenden
zu lernen. Gleichzeitig soll man die inhaltlichen Probleme verstehen – ohne dabei schon genug vom Fach zu kennen, um einen
Gesamtkontext zu haben und dies alles einordnen zu können.
Das führt bei einigen zu Desorientierung und/oder einem Gefühl
der Überforderung. Verstärkt wird dieses Gefühl, wenn teilweise
schon in der zweiten Woche von „Examensrelevanz" die Rede
ist.

Rückblickend erscheint all das gar nicht so schlimm und
schwer – wenn man sich einmal durch diese anfängliche Unsi-
cherheitsphase durchgebissen hat. Den Kontext erarbeitet man
sich im Laufe des Studiums und an die formalen und sprachstilis-
tischen Besonderheiten des Fachdiskurses gewöhnt man sich wie
an die einzelnen Handlungen beim Autofahren. Wer den Einstieg
in das Studium sportlich nimmt, kann die Fülle des Neuen als
Herausforderung und Denksport auffassen und die Beispielsfälle
als zu knackende Nüsse (dazu Kapitel 8). Lässt man sich darauf
ein, wird sichtbar, wie spannend viele der besprochenen Konfliktfälle sind. Und es wird sichtbar, dass Gerechtigkeit ein sehr kom-
plexes Konzept ist, das oft keine klaren und einfachen „richtigen"
Lösungen kennt. Vielmehr geht es häufig um komplizierte Abwä-
gungsprozesse, mit denen man im Einzelfall zu einem Ausgleich
kommen will und die man mit verschiedenen Ergebnissen, aber
gleich gut begründet, auflösen kann.

Die Gefahr bleibt, dass bei der Konzentration auf Form und
auf abstrakt erscheinende Einzelfragen aus dem Blick gerät, dass
es im Recht auf die eine oder andere Art immer um Gerechtigkeit geht. Es ist ein etwas zynischer Partyspruch, dass Recht und
Gerechtigkeit zwei völlig verschiedene Dinge seien. Der Selbstachtung zuliebe sollte man es umgekehrt angehen und sich bei
jedem Beispiel fragen, ob das erarbeitete Ergebnis guten Gewissens als „gerecht" bezeichnet werden kann.

Mit diesem Ziel kommt bei der Fallbearbeitung noch ein Faktor dazu, der oft verdeckt bleibt: Gerade Konfliktfälle erlauben es, sich auch emotional zu engagieren und die Gesetzesanwendung nicht als quasi zufälligen Automatismus anzusehen, sondern als steuerbare aktive Tätigkeit, um ein „richtiges" Ergebnis zu erreichen. Für viele, die ein Jurastudium beginnen, ist der Kampf um Gerechtigkeit ein Antrieb. Lassen Sie sich diesen nicht dadurch nehmen, dass hochdifferenziertes Wissen um begriffliche Feinheiten und eine genauso kunstvolle Fachsprache suggerieren, es gebe eindeutige Ergebnisse, die allein „richtig" seien und so gelernt werden sollten! Wer das Fach beherrschen lernt, lernt auch, wie man diese Fähigkeiten nutzt, um Ergebnisse zu begründen, die man als „gerecht" gerne vertritt und verteidigt.

3. Verbindung zur Praxis – auch schon im Studium

Die Ausbildung im Fach Jura zerfällt – ähnlich wie in der Medizin oder bei künftigen Lehrkräften – in zwei Phasen: Nach dem Studium und dessen Abschluss durch ein Staatsexamen (heute „Erste Prüfung" genannt) kommt noch eine Praxisphase, das Referendariat (das dann in der Zweiten Juristischen Staatsprüfung mündet). In Deutschland ist man auf diese zweiphasige Ausbildung mit der zweijährigen Referendarzeit (bei der die Referendare sich in verschiedenen Stationen in der Zivil- und Strafjustiz, in Anwaltskanzleien und Behörden ausbilden lassen) sehr stolz und verweist auf die im internationalen Vergleich hohe Qualität der Ausbildung zum „Volljuristen".

Aber schon im Studium hat man Berührung zur Praxis und kann diese aktiv suchen. Zunächst gehören schon zum Studium Praktika. Obwohl dies in den Bundesländern nicht ganz einheitlich geregelt ist, muss man diese im Lauf des Studiums fast überall für ca. drei Monate absolvieren. Hier kann man echte Gerichtsverfahren und deren Hintergründe erleben. Teilweise werden von den Gerichten durchorganisierte Programme angeboten, in deren Verlauf Studenten die Justiz von der Geschäftsstelle einer Kammer am Landgericht bis zu Polizei, Staatsanwaltschaft und Gerichtsmedizin zu sehen bekommen.

Viele Hochschulen bieten Möglichkeiten, sich als Studenten der Praxis zu nähern: Es gibt sogenannte *Law Clinics*, in deren Rah-

men Studenten unter Anleitung eigenständige Rechtsberatung für
echte Hilfesuchende anbieten. Angeboten werden Prozesssimula-
tionen, bei denen Teams von Studenten die Rollen der Prozess-
beteiligten übernehmen können. Solche Simulationen münden
teilweise in *Moot Courts*, bei denen die Simulation eines Schieds-
verfahrens oder Prozesses Wettbewerbscharakter annimmt, Teams
also gegeneinander antreten. Lehrende bieten Exkursionen zum
Europäischen Gerichtshof, zum Internationalen Strafgerichtshof,
ans Europäische Parlament oder zu Gemeinderatssitzungen an.
Und das sind nur Beispiele, die Liste ließe sich verlängern.

Ehrlicherweise werden solche Angebote allerdings nur von einem kleinen Teil der Studenten wahrgenommen, und dies entspricht auch dem begrenzten Angebot. Wer sich darum bemüht,
kann aber in solche Aktivitäten einsteigen und über den Tellerrand des „normalen" Studienablaufs hinausschauen.

4. Und der Staub?

All das ändert allerdings nichts an einer Tatsache: Studenten der
Rechtswissenschaft werden viel Zeit in Bibliotheken verbringen
(oder sich deren Inhalte zumindest online zu Gemüte führen).
Schon die Vorbereitung der Klausuren ist nicht allein mit den Vor-
lesungsunterlagen getan. Spätestens für die fast überall nötigen
Hausarbeiten wird man zwangsläufig zu einem versierten Bücher-
wurm, der nicht nur den Bestand der eigenen Bibliothek gut kennen
lernt, sondern sich auch mit Bestellungen alter Werke aus dem
Magazin, der Fernleihe (also Bestellungen aus anderen Bibliotheken) und Strategien der gezielten Onlinerecherche nach einzelnen
Quellen gut auskennt. Und da keineswegs alles digital vorhanden
ist, lernt man auch, wie sich ältere Bücher anfühlen und riechen –
und für die Entscheidungen des Reichsgerichts muss man sich
mit Frakturschrift (einer alten, etwas verschnörkelten Druckschrift,
in der sich das „s" und das „f" zum Verwechseln ähnlich sehen)
auseinandersetzen.

Wer nicht gern liest und nicht gern viel in kurzer Zeit liest, bekommt in einem Jurastudium mittelfristig ein Problem. Allerdings
gilt diese Anforderung auch für fast alle Berufe, für die ein Jurastudium qualifiziert. Natürlich muss nicht jeder eine eingefleisch-
te Leseratte sein, aber: Es hilft!

Trotzdem muss ein Jurastudium insgesamt keine langweilige und trockene Angelegenheit sein. Wer Interesse an Konflikten und ihrer Lösung mitbringt, wer Gerechtigkeit sucht und sich engagiert: Für diese Menschen ist Jura ein Fach, das von Beginn an sehr spannende Fragen produziert und viele interessante Diskussionen bietet.

In den ersten Kapiteln hat sich angedeutet, dass es immer auch auf bestimmte Neigungen und Interessen ankommt, speziell bei der Berufswahl. Dies gilt aber natürlich auch schon bei der Studienwahl, und so wollen wir im nächsten Kapitel aufzeigen, wer leicht den Zugang zum Jurastudium findet und wem das schwerer fallen mag.

Kapitel 4

Einigen liegt es, anderen so gar nicht
oder: Von hilfreichen Interessen und hinderlichen Haltungen

Die Zulassung zum Jurastudium setzt nur die allgemeine Hochschulreife voraus und ist an keinen oder höchstens einen eher großzügigen *Numerus Clausus* gebunden.[1] Wer das Abitur hat, wird einen Studienplatz bekommen und kann Jura studieren. Dieses Kapitel erörtert, ob man mit Aussicht auf Erfolg Jura studieren wird.

Jura als Studienfach wird gern aus Verlegenheit gewählt. Entsprechend hoch sind die Schwundquoten. Vom ersten Semester bis zur Ersten Prüfung geht etwa die Hälfte der Studenten verloren – und das liegt nicht daran, dass sie durch strenge Prüfungen ausgesiebt würden. Sie gehen halbwegs freiwillig, weil es ihnen keinen Spaß macht oder sie sich überfordert oder genervt fühlen. Bestenfalls gehen sie, weil sie jetzt wissen, was sie wirklich gern aus ihrem Leben machen möchten. Auch ein abgebrochenes Studium kann eine Horizonterweiterung sein. Mancher empfindet es aber auch als verschwendete Zeit.

Die Schule bereitet nicht auf das Jurastudium vor. Wenn Sie kein Wirtschaftsgymnasium besucht haben, haben Sie keinen Rechtsunterricht genossen. Sie haben überwiegend kein einziges Mal einen Blick ins Bürgerliche Gesetzbuch geworfen, bestenfalls ein wenig im Grundgesetz geblättert, als Sie im Gemeinschaftskundeunterricht über Grund- und Menschenrechte gesprochen haben und/oder über Staatsorganisation. Vermutlich haben Sie noch wenig oder keine praktische Berührung mit rechtlichen Konflikten gehabt – und wenn doch, haben Sie wahrscheinlich bei dieser Gelegenheit keine oder nur sehr wenige Rechtskenntnisse erworben. Kurz: Verständlicherweise können Sie gegen Ende Ihrer schulischen Ausbildung noch nicht besonders gut einschätzen, ob Jura das Richtige für Sie ist.

---

1   Eine Übersicht finden Sie unter t1p.de/yy97.

Auf die naheliegende Frage, ob es denn Indizien für eine Eignung fürs Jurastudium gebe, wird oft auf den Zusammenhang zwischen guten Schulnoten in Deutsch, den Fremdsprachen und Mathematik und dem Studienerfolg in Jura verwiesen[2]. Wir diskutieren hier – mit etwas breiterem Ansatz – einige mögliche Zugänge zum Fach. Behandelt werden Textarbeit (1.), Freude an der Argumentation (2.), Interesse an Streit und Konflikt (3.), an Regeln allgemein (4.) oder an Politik und dem Finden politischer Kompromisse (5.), gefolgt vom Beweisen und Schlussfolgern (6.). Wir werfen einen Blick auf das Denken in Vergleichen (7.) sowie – natürlich – auf das Interesse an Gerechtigkeitsproblemen (8.). Nicht unerwähnt soll bleiben, welche vorhandenen Talente Sie womöglich nicht oder nur begrenzt werden nutzen können (Kunst und Kreativität unter 9.), dass Sie es auch ohne einen der genannten Zugänge durchaus versuchen dürfen (10.), was Sie vielleicht im Entscheidungsprozess selbst herausfinden können (11.), und dass Jura in manchen Fällen besser nicht gewählt werden sollte (12.).

1. Arbeiten Sie gern am Text?

Juristische Arbeit ist zu guten Teilen Textarbeit, im Studium und danach.

Gesetze und Verordnungen, Urteile und Verwaltungsakte, Schriftsätze und Verträge wollen gelesen und verstanden werden. Aber oft sind sie uneindeutig und müssen erst einmal interpretiert werden; Juristen sprechen hier von *Auslegung*. Ob man damit gut zurechtkommt oder sogar ein bisschen Spaß daran hat, kann man näherungsweise aus dem eigenen Leseverhalten ableiten. Lesen Sie? Belletristik, Sachbücher, beides? Wie sind Ihre Erfahrungen mit dem Lesen und Interpretieren von literarischen Texten und Sachtexten im Deutschunterricht, in den Fremdsprachen, in

---

2   Bernd-Dieter Meier: Ist der Erfolg im Jurastudium vorhersagbar? Empirische Befunde zum Zusammenhang zwischen Schulnoten und Abschneiden im Ersten Juristischen Staatsexamen, Beiträge zur Hochschulforschung, Heft 4, 25. Jahrgang, 2003, S. 18 ff. = t1p.de/2dprw.

Geschichte und Gemeinschaftskunde? Haben Sie schon einmal Texte zu übersetzen versucht?

Im Studium und in den meisten juristischen Berufen müssen Sie schreiben. Widerstrebt Ihnen das? Oder sind Sie umgekehrt gelobt worden für eine sinnvolle Gliederung Ihrer Gedanken, gute Schwerpunktsetzung, gelegentlich originelle Ideen?

Wer viel liest oder wenigstens keine Scheu vor dem Lesen hat, wird es leichter haben. Ein Jurastudium fordert klar überdurchschnittlich viel Lektüre: nicht nur Gesetze (die aber immer und immer wieder), sondern auch Lehrbücher, Gesetzeskommentare, Fachzeitschriftenbeiträge etc. Schon ein sogenanntes Kurzlehrbuch hat regelmäßig mehrere hundert Seiten, und nur manchmal genügt die einmalige Lektüre. Rechtstexte folgen nicht nur einer Fachterminologie, sondern auch ganz eigenen Regeln über den Aufbau und die Art der Informationsdarstellung. Als Anfänger tut man sich mit einem Urteil des Bundesgerichtshofs oder einem Fachzeitschriftenbeitrag über ein aktuelles Problem oft noch schwer. Weniger lesefreudige Mitstudenten steigen schnell auf Skripten und vorgedruckte Karteikarten um, aber das bewährt sich nicht immer. Je mehr Abkürzungen man beim Lesen nimmt, desto seltsamer werden die Ergebnisse: Man trifft durchaus Kollegen, die am Ende ihres zehnsemestrigen Studiums keine rechte Vorstellung davon haben, aus welchen Teilen ein Gerichtsurteil besteht, weil sie sich die Lektüre von Urteilen durchgehend erspart haben. Kann klappen, aber Profi wird man so eher nicht. Und Urteile sind oft Dutzende Seiten lang, aber nur wenige Abschnitte sind für Sie wichtig, weil dort die verallgemeinerbaren Aussagen stehen. Entweder brauchen Sie also Geduld oder Routine.

Wer gern schreibt, wird es ebenfalls leichter haben. Besonders, wenn man bereit ist, das Geschriebene zu überarbeiten und zu verbessern. Prüfungsleistungen im Studium und Arbeitsleistungen in der juristischen Praxis bestehen aus zusammenhängenden, sinnvoll strukturierten Texten mit vollständigen Sätzen, die grammatikalischen Regeln folgen. Wenn Ihnen das sehr schwerfällt oder einfach gegen den Strich geht, müssen Sie sich eine ziemlich spezielle Nische suchen, um juristischen Erfolg zu haben. Neben dem Lesen und Schreiben von Texten kann man auch aus dem Überarbeiten ein kleines Indiz ableiten: Wenn Sie gut (und vielleicht sogar manchmal gern) fremde und eigene Texte überarbeiten, wird sich das für Jura als nützlich erweisen. Haben Sie also einen Blick für eine nachvollziehbare Gliederung und Darstellungsreihenfolge, für mögliche Missverständnisse und Widersprüche, unnötige Unklarheiten usw.? Wer beim Überarbeiten eine kritische Perspektive einnehmen und sich vorstellen kann, was später einmal zwei streitende Parteien mit gegenläufigen Interessen aus einem Vertragstext oder einem Testament herauslesen werden, wird dieses Talent in juristischen Tätigkeiten immer wieder gefordert finden. Haben Sie in der Schule oft die Ergebnisse in der Arbeitsgruppe zusammengeführt, vereinheitlicht und redigiert? Gut! Fast alle Studenten haben am Anfang Schwierigkeiten, sich an den Gutachtenstil zu gewöhnen, der ihre Gedanken – mit gutem Grund – in ein Korsett zu zwingen versucht. Das Korsett ist zunächst ziemlich unbequem, sein Nutzen erweist sich erst über die Zeit hinweg: Mit dem Gutachtenstil trennen Sie Wichtiges von Unwichtigem und Irrelevantem, Sie sortieren das Wichtige in eine für den Leser leicht zugängliche Reihenfolge, Sie ersparen allen Beteiligten die Diskussion überflüssiger Probleme – und Sie denken nicht mehr in erster Linie vom Ergebnis ausgehend, sondern zum Ergebnis hin. So wird der Kreis möglicher Ergebnisse größer und die Begründung für Ihr konkretes Ergebnis besser und belastbarer. Aber zum Eingewöhnen braucht es ein wenig Geduld. Und eben die Bereitschaft, am eigenen Text verbessernd weiter herumzuwerkeln.

2. Reizt Sie das Argumentieren?

Verwandt, aber nicht identisch ist der Zugang zum Recht über Argumentation. Macht Ihnen Argumentieren Spaß? Können Sie sich in den Standpunkt des Gegenübers hineinversetzen? Sie müssen nicht Mitglied in einem Debattierclub sein oder werden – aber: Könnten Sie es sich vorstellen?

Sortieren Sie gern Argumente? Die starken, die widerlegbaren, die zusammengehörenden, die sich gegenseitig verstärkenden? Suchen Sie gern Argumente, vielleicht sogar systematisch? Skizzieren Sie gern Argumentationen im Kopf, womöglich auch auf Papier? Haben Sie sich schon einmal mit Rhetorik befasst, der Kunst, mit einer gut strukturierten Rede zu überzeugen? Wenn Juristen zu

Besserwissern werden, dann liegt das auch daran, dass sie Problemsituationen im Hinblick auf alle Pros und Contras einer Lösung zu durchdenken geübt und gelernt haben.

Eine kleine Warnung: Argumentieren ist wichtig und nützlich für juristisches Denken. Man sollte sich aber davor hüten, Jura als „Laberfach" zu begreifen. So unentbehrlich es scheinen mag, in bestimmten argumentativen Situationen formel- und phrasenhaft Problemstichwörter abzuwerfen, bedeutet das bei Weitem nicht, dass immer jedes beliebige Ergebnis vertretbar wäre. Und wer als Schüler in manchen Fächern passablen Erfolg mit heißer Luft hatte, wird sich wundern, wie wenig dies im juristischen Studium bringt. Gefordert sind vielmehr solides Problemwissen und gute Übersicht über Strukturen und die im Gesetz und der Verfassung enthaltenen Wertungen. Sich diese anzueignen ist Arbeit, die man mit rhetorisch-elegant wirkendem Blabla nicht ersetzen kann. Wer es gleichwohl versucht, geht auf dünnem Eis. Hilfreich ist ein Typ von Neugier, der sich weniger auf das „richtige" Ergebnis richtet als vielmehr auf die Argumentation, die zu diesem Ergebnis führt. Als Anfänger interessiert man sich bei jedem Beispielfall in Vorlesung oder Übung oder Lehrbuch zuerst dafür, was hinten rauskommt (und ob das mit dem eigenen Gefühl für das gerechte Ergebnis übereinstimmt). Das ist verständlich, kann sich beim juristischen Lernen aber auch als hinderlich erweisen. Bei Konflikten, für die das „richtige" Ergebnis gerade noch nicht feststeht, entscheidet eben eine solide Argumentation über den Erfolg. Um so nützlicher ist das Talent, nicht nur einen Standpunkt beziehen und ihn argumentativ immer weiter untermauern zu können (das man mit dem Berufsbild des Parteivertreters, also etwa des Rechtsanwalts verbindet), sondern sich im Kopf ebenso schnell zum Vertreter der Gegenposition machen zu können (nicht nur der Richter soll beide Parteien zu verstehen versuchen und ihre Argumente würdigen, sondern auch der gute Anwalt hat eine Vorstellung davon, was der gegnerische Kollege wohl denken wird). Kurz: Mit dem Argumentieren eng verbunden ist eine gewisse Beweglichkeit in Kopf.

Verwandt, aber nicht identisch mit dem Argumentieren ist das Entscheiden. In den meisten praktischen Juristenberufen müssen Sie irgendwann entscheiden, manchmal sogar recht schnell. Das gilt nicht nur für Richter. Eine gewisse Entscheidungsfreudigkeit, vielleicht auch Lösungsorientiertheit kann dabei nicht schaden.

Denn nur selten arbeiten Sie in der Rolle des Rechtswissenschaftlers, der die zu begutachtende Frage eben auch offenlassen kann oder nur teilweise entscheiden.

3. Interessieren Sie Streit und Konflikt?

Argumente werden am dringendsten gebraucht, wo Konflikte drohen. Dort ersetzen sie Streitäxte. Keiner muss streitsüchtig sein, um Spaß an Jura zu haben. Aber ein Gefühl dafür, was Konflikte auslöst, worum sie sich drehen und wie sie verlaufen, vielleicht auch dafür, welche Wege es aus ihnen heraus gibt, könnte helfen. Sind Sie in Konflikten eher Partei oder eher Parteivertreter oder eher Richter? Alles passt, aber der jeweilige Zugang ist ein bisschen anders. Vielleicht haben Sie ja Erfahrungen als Schiedsrichter im Sportverein oder beim Schach. Oder Sie sind immer zum Streitschlichter, Klassen- oder Schulsprecher gewählt worden.

Gilt Ihr Interesse eher dem Foul und dem Elfmeter, eher dem Nachbarschaftsstreit um Baumwurzeln und Zäune, den Ihre Eltern neulich haben führen müssen, oder eher dem Grenzkonflikt zweier afrikanischer Staaten und den dahinterstehenden ehemaligen Kolonialmächten oder heutigen Rohstoffkonzernen? Die (auch juristischen) Regeln zur Konfliktverarbeitung sind ziemlich unterschiedlich, die Rolle des Rechts kann verschieden groß sein – aber man kann sie eben alle auch als Rechtskonflikte verstehen. Nehmen Sie Konflikte eher als grundlegende Gerechtigkeitsprobleme wahr oder pragmatischer als Fragen richtiger Zuweisung von Geld oder Ressourcen? Interessiert Sie eher die ökonomische Komponente – oder debattieren Sie leidenschaftlich über Sterbehilfe und deren Grenzen oder Triagen auf Intensivstationen und deren Kriterien? Je nach Antwort werden Ihnen manche rechtlichen Wissensgebiete sofort am Herzen liegen, andere werden Sie sich nach anfänglichem Fremdeln erschließen.

4. Können Sie gut mit Regeln?

In der Arbeitsgruppe fällt Ihnen die Redeleitung zu oder die Fest-
legung der Vorgehensweise? In der Spielegruppe sind Sie der Re-
gelerklärer oder Streitschlichter? Sie wissen, welche Regeln eine
WG zusammenhalten, und könnten die sogar in Worte fassen?
Manchmal denken Sie leise darüber nach, wie sich Sport, Spiel oder
Gesellschaft verändern würden, wenn man die eine oder andere
Regel änderte oder abschaffte? Sie interessieren sich für Regelbrü-
che und zivilen Ungehorsam, abweichendes Verhalten und dessen
Ursachen? Sie fragen sich, ob es wohl Regeln gibt, die entscheiden,
welche Regel Vorrang vor anderen Regeln beanspruchen kann?
Sie schütteln den Kopf über regeltreues (oder regelverletzendes)
Verhalten anderer, weil Sie das Gleichheits- und Gerechtigkeits-
problem sehen, das da am Ende lauert? Oder Sie betrachten den
Inhalt geltender Regeln als etwas, das nur punktuell und zufällig
mit Gerechtigkeit zu tun hat? Fein. Der Bogen zu Rechtsregeln wird
leicht zu schlagen sein, beispielsweise über die Frage: Sind Regeln
unbedingt verbindlich oder eher eine Verfügungsmasse, die man
interessengeleitet flexibel einsetzen oder umgehen kann? Wenn
Sie einen Blick haben für Sinn und System von Regelwerken, fallen
Ihnen vielleicht auch Lücken oder Widersprüche darin auf – und Sie
fragen sich, wie man fehlende Regeln ergänzen kann. Das interessiert Juristen zwangsläufig. Und irgendwann schärft sich Ihr Blick
für die Frage, wie man aus der Einsicht, welches Verhalten richtig
oder falsch ist, verständliche Regeln für alle formuliert. Das ist nicht
immer einfach. Je mehr Sie über die „richtige" Formulierung der
Regel und etliche Alternativvorschläge nachgedacht haben, desto
genauer blicken Sie auf die Formulierungen, die die anderen gewählt haben – und können verstehen, was sie gemeint haben und
was gerade nicht.

Wer also Regeln interessant findet, schon einmal leicht angestrengt
Geschäftsordnungsdebatten ausgehalten hat oder auch nur darüber nachdenkt, wer eigentlich die Begründungs-, Argumentations-
und Beweislast tragen sollte, wenn jemand eine Regeländerung
vorschlägt, wird sich darüber zu Rechtsregeln gewiss einen Zugang verschaffen können. Allerdings sollte man nicht übersehen,
dass im juristischen Studium auf weiten Strecken der Schwerpunkt
nicht auf neuen Regeln oder Regeländerungen liegt, sondern auf

dem Kennenlernen und Verstehen bestehender Regeln und ihrer Zusammenhänge.

5. Sie befassen sich gern mit Politik und politischem Kompromiss?

Der Zugang über Politik, politisches Verständnis und politisches Interesse liegt besonders nahe im Öffentlichen Recht. Dort (also insbesondere im Grundgesetz, aber etwa auch in kommunalrechtlichen Regelungen der Bundesländer) finden sich die Regeln, nach denen politische Entscheidungen zum Gesetz werden.

Wer sich dafür schon in der Schule interessiert hat, beispielsweise die Verfassungssysteme der USA und Deutschlands miteinander verglichen oder die mühsame historische Entwicklung einer Demokratie verfolgt hat, wird diese Themengebiete gern vertiefen.

Vielleicht sind Sie selbst politisch engagiert in einer Bürgerinitiative, bei *fridays for future* oder in einer etablierten Partei. Oder Sie haben zwar ein Studium der Politikwissenschaften erwogen, es aber als zu theoretisch wieder verworfen. Womöglich beginnt Ihr politisches Engagement erst an der Universität: Die Fachschaft freut sich über engagierte Mitarbeiter – und plötzlich sitzen Sie im AStA. Oder Sie engagieren sich für eine *Law Clinic* (studentische Rechtsberatung) oder in einer Lokalgruppe der *European Law Students' Association*.

Politische Prozesse und Entscheidungen folgen nicht nur rechtlichen Regeln; manchmal wirken sie auf Juristen geradezu irritierend unvorhersehbar. Aber an ihrem Ende stehen nicht selten Rechtsregeln: Gesetze, Verordnungen, Satzungen, Verträge. Das könnte ein guter Grund sein, sich für Jura zu interessieren.

6. Logisches und analytisches Denken fallen Ihnen leicht?

Schulischen Erfolgen in Mathematik wird seit Jahrzehnten Aussagekraft für künftige Erfolge im Jurastudium zugesprochen. Obwohl Juristen sprichwörtlich keine begeisterten Rechner sind (*iudex non calculat*), erklärt sich das leicht. Mathematiker wie Juristen führen Beweise. Zwar ist die Art, wie Mathematiker Beweise führen, viel strenger formalisiert als das, was Juristen tun, wenn sie der gleichen Tätigkeit folgen. Aber es geht ja bei Weitem nicht nur um Beweise. Juristen argumentieren ableitend (deduktiv) und setzen die Aussagen als richtig bzw. wahr, um neue richtige bzw. wahre Aussagen begründen zu können. Ihre Logik ist zu guten Teilen alt (man findet die Grundzüge schon bei Aristoteles), aber trotzdem noch heute hilfreich.

Ein verwandter Gesichtspunkt ist analytisches Denken. Juristen brauchen und entwickeln die Fähigkeit, große Fragen in kleine Portionen zu zerlegen und diese dann einzeln zu diskutieren, um so auf eine zwar nicht immer unbestrittene, aber zumindest anschlussfähige Lösung zu kommen. Wer schon vor dem Studium so ähnlich an Probleme herangeht, wird in den Rechtswissenschaften methodisch vieles wiedererkennen.

7. Sie denken gern einmal in Vergleichen?

Juristen vergleichen am laufenden Meter: Fälle, Fallgruppen, Probleme, Argumente, Rechtsregeln. Nur mit Vergleichen bekommen sie neue Sachverhalte in den Griff: Soll man diese ähnlich entscheiden wie bereits bekannte Sachverhalte – oder gerade anders? Wo liegen die Ähnlichkeiten, wo die Unterschiede? Was überwiegt? Und warum?

Vielleicht hatten Sie schon in der Schule Spaß an Vergleichen: Gedichte, Sachtexte, Musikstücke, Kunstwerke, historische Situationen. Vielleicht fanden Sie leichter die Unterschiede, vielleicht eher die Gemeinsamkeiten. Juristen brauchen beides, um zu entscheiden, in welche Schublade ein Sachverhalt gehört. Wenn Ihnen diese Art von Vergleich und vergleichender Beschreibung leichtfällt, kann das den Umgang mit rechtlichen Problemen und Phänomenen deutlich erleichtern. Ans Beschreiben und Vergleichen schließt sich das Sortieren und Systematisieren an. Spätestens in der Rechtswissenschaft spielen diese Talente eine wichtige Rolle.

8. Stellen Sie Gerechtigkeitsfragen?

Wenn Gerechtigkeitsprobleme Sie schon lange interessiert haben, könnte ein Jurastudium das Richtige sein. Aber Sie werden sich wundern, wie die eigentlich alles entscheidenden Fragen immer weiter zurücktreten hinter streitigen Details des Erlaubnistatbestandsirrtums oder der Geschäftsführung ohne Auftrag und deren Konkurrenz zum Eigentümer-Besitzer-Verhältnis (dazu schon in Kapitel 3). Die Fragen, die in den – oft bemerkenswert schlecht besuchten – Veranstaltungen über Rechtsphilosophie und Rechtstheorie verhandelt werden, nehmen Studenten meist als *nicht examensrelevant* wahr. Es ist für die meisten Menschen auch wirklich schwer, einen Bogen zu schlagen von der Gerechtigkeitstheorie zu den Einzelfragen des Steuerrechts. (Man sollte es aber trotzdem versuchen; vielleicht entsteht gerade durch das wiederholte Scheitern der Blick aufs große Ganze, den man oft schmerzlich vermisst.) Außerdem muss man Gerechtigkeitsprobleme ja nicht nur auf der Ebene des Völkerrechts suchen. Es kann ebenso reizvoll sein, Gerechtigkeitsprobleme in Verträgen zu verstehen. Hilfreich ist auch eine Neigung zur Gründlichkeit. Nicht immer ist die erste Antwort die beste, überzeugendste, „richtige". Die schnelle erste Antwort kann man meist auch geben, ohne Jura studiert zu haben; Juristen werden gebraucht, wenn es um die wohlüberlegte Antwort geht. Gründlichkeit ist auch nötig, wenn es gilt eine mehrhundertseitige Akte zu lesen oder aus noch umfangreicherem Material überhaupt erst zusammenzustellen. Nicht selten müssen Juristen dicke Bretter bohren, und manchmal ist das eher langweilig. Sollte man wissen. Ebenfalls hilfreich ist ein bestimmter Typ von systematischem, teils geradezu schematisiertem Vorgehen (dazu noch Kapitel 8.).

9. (Fast kein) Zugang: Kunst und Kreativität

Kaum eine Rolle spielt im juristischen Studium Ihr Talent für künstlerische, musikalische, überhaupt kreative Dinge. Schade eigentlich. Aber Juristen sind einfach selten kreativ. Gelegentlich sind sie originell. Und teils wird Originalität geradezu erwartet und geschätzt. Nur im Studium ist das so gut wie nicht der Fall. Das Studium richtet Ihre Gedankenwelt überwiegend darauf ein,

Checklisten abzuarbeiten, manchmal mit geradezu nervtötendem Effekt für Sie und den Leser Ihrer Texte. Aber Checklisten haben ihre Vorzüge, denken Sie an Piloten und Chirurgen.

In standardisierten Prüfungen des Falllösungstyps (und das sind die allermeisten, leider) ist „thinking out of the box" fast nie gefragt. Weil Sie zusammen mit zahlreichen anderen Kandidaten antreten, wird Ihre Argumentation mit pfiffigen originellen Ansätzen geradezu zur Herausforderung für das Zeitbudget Ihres Lesers/ Korrektors. Der arbeitet sich nämlich normalerweise an einer vorgegebenen Lösungsskizze entlang und nimmt sich nicht immer Zeit und Konzentration, Ihrem abweichenden Absatz zu folgen, der darin nicht vor(her)gesehen ist. Schade. Immerhin gibt es in Ihrem späteren beruflichen Arbeitsfeld wieder Gelegenheit, kreativ und originell zu denken: Entwurf von Gemeindesatzungen, Vertragsgestaltung, Konfliktlösungen durch Mediation.

Obwohl also fertig ausgebildete Juristen oft vielfältig kulturell interessiert sind, manche im Nebenberuf gar talentierte Pianisten oder im Hauptberuf erfolgreiche Schriftsteller, verlangt das Studium nichts von alledem. (Könnte aber gut sein, dass Ihr Chor oder Streichquartett das entscheidende Gegengewicht zum Examensvorbereitungsstress wird.)

In der beruflichen Praxis jenseits des Studiums ändert sich das mit der Kreativität übrigens. Gesetzgebung, Vertragsgestaltung, Streitschlichtung erfordern und belohnen Einfallsreichtum und weiten Horizont durchaus. Und in manchen Situationen braucht es nicht nur ein wenig überzeugende Rhetorik, sondern auch ein bisschen schauspielerisches Talent. All diese Interessen und Begabungen pflege man weiter – man sollte nur nicht erwarten, dass sie im Studium des Rechts besonders wertgeschätzt würden.

10. None of the above? Nicht verzweifeln

Sie finden sich in keinem der genannten Zugänge auch nur ansatzweise wieder? Schade, aber das ist kein Ausschlusskriterium. Abschließende Aufzählungen sind sowieso schwierig. Allein weil es eine Vielzahl individueller Zugänge zum Jurastudium gibt, die man hier nur beispielhaft nennen kann: Sie haben als Jungunternehmer zwei Start-ups hintereinander an die Wand gefahren und wollen/müssen sich jetzt doch einmal mit Steuerrecht, Sozialversicherungsrecht und Insolvenzrecht beschäftigen? Sie möchten die Grundkenntnisse jetzt systematisch vertiefen, die Sie in Ihrer Jugend im Betäubungsmittelstrafrecht gesammelt haben? Ihr Interesse am Familienrecht rührt daher, dass Sie in Ihrer Kindheit hilfloses Objekt erbitterter Sorgerechtsstreitigkeiten waren? Die genannten Kriterien sind weder notwendige noch hinreichende Bedingungen. Aber je mehr davon zusammenkommen, desto eher könnte es passen. Ganz sicher müssen Sie nicht über alle diese Fähigkeiten und Interessen gleichzeitig verfügen. Und ebenso sicher wird es in Studium und Beruf Momente oder Phasen geben, in denen das eine oder andere dieser Talente kaum gefragt ist – das kann gelegentlich ziemlich anstrengend sein. Aber im Großen und Ganzen gibt die obige Aufzählung doch eine brauchbare Orientierung.

Aber es wäre schon gut, wenn Sie positiv benennen könnten, warum Sie Jura studieren wollen und glauben, darin erfolgreich zu können. Wenn Ihnen das nicht gelingt, ist es Zeit, noch einmal nachzudenken. Auch hier gilt allerdings: Nicht aller Talente und Interessen ist man sich bewusst, oft entdeckt man sie gerade erst im Studium. Fast noch wichtiger: Ein paar Dinge in Ihrem Leben ändern sich noch im Lauf der Zeit. Womöglich kennen Sie in dem Alter, in dem Sie erstmals eine Studienfachwahl treffen, noch gar nicht alle Ihre Stärken.

Vielleicht genügt Ihnen als Motivation schon die diffuse Vorstellung von juristischen Berufsfeldern, die Sie aus der einen oder anderen gestreamten Serie haben, verbunden mit der Erwartung, anständig Geld in einem sozial wertgeschätzten Beruf zu verdienen. Mit einer Portion Durchhaltewillen und Frustrationstoleranz mag das reichen. Schließlich haben eiserner Wille und Geduld schon Menschen ins Bundeskanzleramt getragen oder zum Nobelpreis oder zum Zieleinlauf beim Iron Man.

11. Wie viel Gegenprobe anhand der Wirklichkeit ist nötig?

Mit winzigem Aufwand kann man sich ein paar Vorlesungen an der nächstgelegenen juristischen Fakultät ansehen und -hören. Tun Sie das.[3] Wer nicht nur die Ausbildung, sondern ein wenig die Praxis kennenlernen will, muss nicht gleich ein freiwilliges Praktikum beim Rechtsanwalt absolvieren. Ein Tag in einem deutschen Gerichtssaal wäre schon ein Anfang,[4] vielleicht zur Abwechslung mal nicht in Straf-, sondern in Zivilsachen. Gern aber auch ein Arbeitsgericht. Und wenn Sie über Familie oder Freunde Menschen in juristischen Berufen kennen, interviewen Sie sie. Manche Universitäten bieten online Self Assessments an, mit denen Sie sich kostenlos und unverbindlich an das Studium und Ihre Eignung dafür herantasten können. Man sollte das nicht unterschätzen. Niemand will nach drei Semestern entnervt aufgeben und sich dabei vorwerfen müssen, alle Vorkenntnisse nur aus amerikanischen Fernsehserien gezogen zu haben.

Fragen Sie sich womöglich auch, ob Sie aus reiner Neugier mal ein Urteil des Bundesverfassungsgerichts oder des Bundesgerichtshofs zu lesen versucht haben, auf das Sie bei der Lektüre der Tages- oder Wochenzeitung gestoßen sind. Der Gedanke liegt gar nicht fern, zumal Sie diese Urteile längst komfortabel und kostenlos herunterladen können, ohne auch nur in die Nähe einer Fachbibliothek reisen zu müssen. Wenn Sie ganz mutig sind, leihen Sie sich einmal ein echtes Fachbuch aus und lesen ein bisschen quer. Nicht einen dtv-Ratgeber zum Mietrecht, sondern ein Lehrbuch zum Schuldrecht des BGB. Das würde Ihnen nämlich im zweiten Semester bevorstehen.

---

3   Am besten live und in Farbe. Aber es geht auch mit aufgezeichneten Vorlesungen, die Sie etwa auf YouTube finden. Eine systematisch sortierte Liste finden Sie unter t1p.de/kyma7.

4   Gerichtsverhandlungen sind grundsätzlich öffentlich, man kann einfach hingehen und zuschauen.

12. Kleine Liste der Kontraindikationen

Wir wechseln für einen Augenblick die Perspektive und fragen, wem das Jurastudium besonders schwerfallen wird.

Wenn Ihnen Textarbeit und Interpretation, Argumentation und Rhetorik, Streit und Konflikt, Regeln und Regelauslegung ebenso langweilig erscheinen oder sogar zuwider sind wie die eben genannten Zugänge über Politik, Wirtschaft und Gesellschaftswissenschaften, wird der Weg steiler werden. Es kann trotzdem klappen. Weil man aber um diese Themen und Tätigkeiten nicht herumkommt, muss man die eine oder andere Kröte zu schlucken bereit sein.

Hinzu kommen noch ein paar Hürden, von denen wir glauben mit einiger Erfahrung sagen zu können, dass sie erschwerend wirken:

a) Hürde Lesefaulheit
Wer nur widerwillig liest und sich an Gelesenes kaum erinnert, muss tief Luft holen. Jura erfordert viel Lesen in Ausbildung und Praxis (Kapitel 3). Auch wenn Ihnen haufenweise scheinbare Abkürzungsmöglichkeiten in Gestalt vorgedruckter Karteikarten, stichwortreduzierter Prüfungsschemata und dergleichen angeboten werden – wenn Sie nicht halbwegs gutgelaunt auch größere Mengen anspruchsvoller Fachtexte lesen und sich erarbeiten können und wollen, werden Sie es schwer haben. Können Sie das vor dem Studium aufgrund schulischer Erfahrungen noch nicht einschätzen, achten Sie umso mehr in den ersten Semestern auf diesen Gesichtspunkt.

b) Hürde Prüfungspanik
Wer immer schon Angst vor Prüfungen hatte und dauerhaft das Gefühl, in Prüfungen seine Qualitäten nicht zeigen zu können, sollte ebenfalls nachdenken. Weil die entscheidende Prüfung erst am Ende steht, ist das Risiko erwähnenswert, erst spät rauszufallen, obwohl man die Sollbruchstelle von Anfang an kannte. Oder man geht die Ängste offensiv an, zur Not mit fremder Hilfe, und wächst im Studium mit ihrer allmählichen Bewältigung an ihnen und über sich hinaus.

c) Hürde Null Frustrationstoleranz

Wenn Ihre Frustrationstoleranz ganz klein ist, kann Jura gefährlich für Ihren Seelenfrieden sein. Am Anfang läuft es überwiegend mühsam, schleppend, wenig motivierend. Sie werden eher kritisiert als gelobt, im Ton oft eher streng. Die Noten sind entmutigend. Dass Ihnen jemand glaubhaft auf die Schulter klopft, ist selten, vielleicht kommt es nie vor. Der Praxisbezug liegt noch in weiter Ferne. Das kann eine ziemliche Herausforderung für ihr Durchhaltevermögen werden.

13. Haltungen, die es schwerer machen

Es gibt ein paar Haltungen, mit denen man sich im Jurastudium leicht einmal selbst im Weg steht. Sind es Charaktereigenschaften, hat man es schwer. Die Liste ist länger, aber wir erörtern hier drei, denen man öfter begegnet:

a) „Vier gewinnt"

Der tröstliche Satz bezieht sich auf die Vier-Punkte-Grenze, die man zum Bestehen der jeweiligen Prüfung überspringen muss. Ausbuchstabiert lautet die Aussage: *Wer braucht schon 18 Punkte, wenn 4 genügen? Und 4 habe ich soeben erreicht.* Darin steckt einerseits Erleichterung, weil ein Viertel oder ein Drittel der Teilnehmer weniger als 4 Punkte auf ihre Prüfungsleistung erhalten haben. Andererseits stabilisiert sich diese Erleichterung nicht selten zu einer durchgängigen Haltung: *Ich lerne so viel, dass es zum Bestehen reicht. Das genügt.*

Menschlich sympathisch können Faulheit und Bequemlichkeit allemal sein. Als Haltung im Studium sind sie auf Dauer gefährlich. Einige wenige Genies können sie sich leisten. Alle anderen stellen fest, dass zum Jurastudium eher überdurchschnittlich viel Fleiß gehört. Eine große Stoffmenge und ständige neue Entwicklungen erfordern die Bereitschaft, auch mal Strecke zu machen und Masse zu bewältigen. Zu manchen Themen findet man spät oder nie Zugang – und trotzdem werden sie geprüft. Ständiges Lernen auf Lücke rächt sich, teils schon früh. Nicht zuletzt ist Fleiß auch ein Geschwister von Begeisterung: Es fällt nicht so schwer fleißig zu sein, wenn einen die Inhalte (und das juristische Denken und dabei das Bekämpfen der eigenen Denkfehler, die dauernd offenbar werden) interessieren/reizen/sportlich herausfordern. Außerdem bekommt, wer immer auf vier Punkte lernt, deprimierend oft drei Punkte. Nicht bestanden, nächster Versuch im nächsten Semester.

„Vier gewinnt" ist also als pragmatische Haltung gegenüber enttäuschenden Prüfungsnoten ganz in Ordnung, als Haltung gegenüber dem gesamten Studium aber heikel.

b) „Ist das klausurrelevant?" – Die minimalistische Perspektive

Verwandt mit „vier gewinnt" ist die Haltung, die hinter der beliebten Frage „Ist das klausurrelevant?" steht. Dozenten treibt man damit leicht zur Verzweiflung, vor allem engagierte Dozenten, die sich nicht ausschließlich als Repetitoren in Dauerschleife verstehen. Leider ist der klausurrelevante Stoff gerade breit genug; aber enorm viel juristisches Wissen und Können wird in Prüfungen nicht oder nur mittelbar abgeprüft. Manches davon wird beruflich jenseits von Klausuren wichtig, manches erweitert Ihren intellektuellen Horizont oder öffnet Ihnen Türen zu neuen Räumen. Man kann Prüfungen bestehen ohne dieses Wissen, teils sogar gut und mit etwas Glück in Serie gut. Ob man das Studium als gutes Studium erleben wird, ist eine andere Frage. Und man sollte auch nicht ganz aus dem Blick verlieren, dass die dreistündige Klausur, an die man sich an der Universität gewöhnt, die intellektuellen Leistungen nur recht unzureichend abbildet, die das berufliche und soziale Leben von Ihnen fordern.

Wer also die Befassung mit und die Auswahl von juristischen Themen fünf Jahre lang nur durch die Brille der Examensrelevanz sieht, verspielt haufenweise Chancen, die so ein Studium bietet. Manche von diesen Chancen kommen erst viel später wieder und sind dann meist kostenpflichtig. Andere kommen nie wieder.

c) „Ich weiß/kann das doch schon" – Denkfaulheit

Bei allem Selbstbewusstsein und allem Stolz auf bisherige Erfolge – das meiste lernen Sie neu. Deshalb sind Fehler Ihre ständigen Begleiter. Eine kleine Portion Demut, gepaart mit Neugier womöglich, gehört also dazu. Man kann aus Fehlern enorm viel lernen, wenn man nicht den Fehler macht, jeden Fehler als persönliches Versagen zu interpretieren. Sie werden im Studium ständig besser (auch wenn Sie das viel zu selten gesagt bekommen; aber dass Sie an gedanklich-analytischer Klarheit hinzugewinnen, merken Sie eines

Tages auch außerhalb des Studiums). Sie müssen es nur zulassen. Wer dazu neigt, sich selbst dabei ständig im Weg zu stehen, hat es nicht leicht im Jurastudium. Mit oder ohne motivierende Lerngruppe: Das Lernen passiert im eigenen Kopf, und das ist mit häufigem längeren Sitzen am Schreibtisch verbunden.

Wem die bislang behandelten Themen zu „soft" waren, der kann sich jetzt freuen, denn es folgen harte Fakten zum Jurastudium. Es wird unter anderem um den Studienaufbau, die Themen des Studiums und manchen nützlichen Hinweis zur Studienortwahl gehen.

KAPITEL 5

Wozu? Was? Wo?

oder: Das sind die Ziele und Lernthemen, so läuft es ab und hier kann man's studieren

Dieses Kapitel dient der Orientierung und der ersten Übersicht über Ziele, Inhalte, Ablauf und Orte des Studiums. Es werden viele neue Begriffe fallen, oft mehrere unterschiedliche Bezeichnungen für ein und dieselbe Sache. Wir erwähnen alle synonym verwendeten Bezeichnungen. Das klingt zwar manchmal umständlich, aber so wissen Sie am Ende genau, was damit gemeint ist, wenn Sie andere Informationsquellen lesen, die andere Begriffe verwenden. Sie werden erfahren, dass Bundesländer und die einzelnen Fakultäten gewisse Spielräume bei der Gestaltung des Studiums haben, so dass sich ein Jurastudium in München nicht nur vom Jurastudium in Greifswald, sondern auch vom Jurastudium in Augsburg erheblich unterscheidet. Sie können derzeit an 42 deutschen Universitäten Jura mit dem Ziel Volljurist studieren. Deshalb nennen wir Ihnen hier auch einige Auswahlkriterien für die passende Universität und somit des Studienorts.

Die Gestaltung des Studiums ist gesetzlich geregelt, und Gesetze können sich ändern. Wir empfehlen Ihnen daher, für weitere und aktuelle Informationen bei einer Entscheidung für das Studium die Webseiten der Fakultäten zu lesen. Was aber sind eigentlich Fakultäten?

1. Juristische Fakultäten und Fachbereiche

Die für ein bestimmtes Studienfach zuständigen Abteilungen an den Universitäten werden *Fakultäten* oder *Fachbereiche* genannt, somit wird Jura an *juristischen Fakultäten* oder *juristischen Fachbereichen* gelehrt. Es gibt auch Universitäten, an denen zwei Studienfächer in einer Fakultät zusammengefasst sind (Fakultät für Jura und Wirtschaftswissenschaften). Wenn Sie also etwas über das Jurastudium an einer bestimmten Universität wissen wollen, erfolgt Ihr Einstieg über die Webseiten der juristischen Fakultät oder des juristischen Fachbereichs.

2. Gesetzliche Grundlagen

Bundesebene:	Deutsches Richtergesetz (DRiG)
Länderebene:	Juristenausbildungsgesetze/Justizausbildungsverordnungen
Fakultätenebene:	Prüfungsordnungen und andere Satzungen

Die Grundlagen des Jurastudiums sind ganz knapp im Deutschen Richtergesetz (DRiG) geregelt. Als Bundesgesetz gilt das DRiG in ganz Deutschland. Die weitere Umsetzung erfolgt durch die Bundesländer. Somit sind es vor allem deren Juristenausbildungsgesetze, die den Gegenstand des Jurastudiums und seine Anforderungen genauer regeln, und zwar mit Geltung für das jeweilige Bundesland. Zusätzliche und noch detailliertere Regelungen enthalten die Prüfungsordnungen und Satzungen der einzelnen Fakultäten.

3. Studium und Referendariat

Jurastudium + Referendariat (Juristischer Vorbereitungsdienst) = Volljurist/Volljuristin

§ 5 Absatz 1 DRiG lautet: „*Die **Befähigung zum Richteramt** erwirbt, wer ein rechtswissenschaftliches Studium an einer Universität mit der **ersten Prüfung** und einen anschließenden **Vorbereitungsdienst** mit der **zweiten Staatsprüfung** abschließt; die erste Prüfung besteht aus einer **universitären Schwerpunktbereichsprüfung** und einer **staatlichen Pflichtfachprüfung**.*"

Diese Rechtsnorm sagt schon ziemlich viel. Schauen wir es uns genauer an. Jurastudenten schließen also „*ein rechtswissenschaftliches Studium an einer Universität mit der ersten Prüfung*" ab.

Diese *Erste Prüfung* wird auch Erste Juristische Prüfung oder Referendarexamen genannt. Häufig hört man noch den Begriff Erstes Staatsexamen, obwohl das nicht mehr ganz richtig ist (dazu sogleich unter 4). Richtig ist aber, dass das Studium ein Staatsexamensstudiengang ist und eben nicht mit dem Bachelor-/Masterabschluss endet. Vielmehr ist die Erste Prüfung am Ende des Jurastudiums vergleichbar einem Bachelor und Master zugleich. Weil man den Master sozusagen schon miterledigt, beträgt die Regelstudienzeit bis zur Ersten Prüfung nicht sechs bis acht Semester, sondern zehn Semester. Das ist eine wichtige Erkenntnis nicht nur für Sie, sondern auch für Eltern und Freunde. Das Jurastudium ist kein kurzes Studium! Die tatsächliche durchschnittliche Studienzeit liegt bei etwas über elf Semestern. Nicht verschwiegen werden soll, dass man an wenigen Universitäten zusätzlich den Bachelor (LL.B.) oder Master (LL.M.) erwerben kann, so etwa an der Universität Mannheim oder der Universität Potsdam.

An das Studium schließt sich das Referendariat, auch Juristischer Vorbereitungsdienst genannt, an. Das Referendariat dauert insgesamt zwei Jahre und besteht vor allem aus praktischer Tätigkeit in sogenannten Stationen. Als Referendar arbeiten Sie in einem öffentlich-rechtlichen Ausbildungsverhältnis in Gerichten, Behörden, Anwaltskanzleien und Unternehmen mit. Das Referendariat endet mit der *Zweiten Staatsprüfung* (auch Zweites Staatsexamen oder Assessorexamen genannt). Mit dem Bestehen der Zweiten Staatsprüfung haben Sie die „Befähigung zum Richteramt" erworben. Sie sind Assessor juris (Ass. jur.). Man sagt auch, Sie sind Volljurist. Ob Sie dann tatsächlich als Richter tätig sein können, hängt von Ihren Noten ab.

4. Studienziel Erste Prüfung

> **Erste Prüfung = Staatsprüfung (70%) + Universitätsprüfung (30%)**
> **Pflichtfächer + Schwerpunktfächer**

Die Erste Prüfung besteht aus zwei Teilen: der Staatsprüfung (im Gesetz „staatliche Pflichtfachprüfung", aber auch erste Pflichtfachprüfung oder staatlicher Teil genannt) und der Universitätsprüfung (im Gesetz „universitäre Schwerpunktbereichsprüfung" oder universitärer Teil genannt).

Die Gesamtnote wird zu 70% aus der Note der Staatsprüfung und zu 30% aus der Note der Universitätsprüfung gebildet. Gegenstand der Staatsprüfung sind die Pflichtfächer, Gegenstand der Universitätsprüfung sind Schwerpunktfächer aus dem gewählten Schwerpunktbereich.

a) Staatsprüfung

> **Staatsprüfung = Sechs fünfstündige Klausuren +
> eine mündliche Prüfung**

Die Staatsprüfung heißt so, weil eben nicht die einzelne Universität prüft, sondern der Staat. Konkret wird sie von den jeweiligen Landesjustizprüfungsämtern der Bundesländer organisiert. Sie ist eine Abschlussprüfung bestehend aus sechs Klausuren und einer mündlichen Prüfung. Die Gewichtung der sechs Klausuren im Verhältnis zum Mündlichen ist in den Bundesländern unterschiedlich geregelt: Die Klausuren zählen zwischen 60% und 75%, die mündliche Prüfung zählt entsprechend zwischen 40% und 25%. Die sechs Klausuren dauern je fünf Stunden und finden an sechs Tagen innerhalb von zwei Wochen statt. Die Klausuren werden für einen Prüfungstermin für alle Universitäten eines Bundeslands zentral gestellt. Ob Sie also in Köln, Bochum oder Münster studieren – wenn Sie im April 2027 Examen machen werden, erhalten Sie identische Aufgaben an allen Orten in Nordrhein-Westfalen. Die mündliche Prüfung besteht aus drei Prüfungsgesprächen und in manchen Bundesländern einem zusätzlichen Vortrag. Alle drei Prüfungsgespräche (und ggfs. der Vortrag) finden nacheinander in einer Prüfungsgruppe von vier bis sechs Kandidaten gegenüber drei Prüfern an einem Vormittag oder Nachmittag statt.

Risiko und Nebenwirkung der Ersten Staatsprüfung?
    Risiko: Für die Klausuren müssen Sie alle Studieninhalte am Ende zeitgleich beherrschen. Sie können weder vorher Stoffgebiete abschichten noch Vornoten anrechnen lassen. Es ist wie bei den Olympischen Spielen – es kommt ausschließlich auf die Wettkampftage an. Wenn Sie patzen, können Sie das in diesem Prüfungstermin nicht mehr ändern. Aber anders als im Eistanz bei Olympia dürfen Sie die Prüfung auf jeden Fall einmal wiederholen. Wenn Sie zügig studiert haben und den ersten Versuch der Staatsprüfung am Ende der der Regelstudienzeit starten,

gilt dieser Versuch als Freiversuch (Freischuss genannt). Sollten Sie nicht bestehen, haben Sie immer noch Ihre beiden regulären Versuche. Übrigens können Sie auch bei Bestehen einmalig zur Notenverbesserung wiederholen. Trotzdem ist die Staatsprüfung eine Anforderung, die man sich vor dem Studium bewusst machen muss: 6 x 5 Stunden = 30 Stunden Prüfung nach vier bis fünf Jahren Jurastudium in einem Zeitraum von zwei Wochen.

Nebenwirkung: Mit dem in der Schule praktizierten Lernverhalten kommt man im Jurastudium nicht weit (siehe zum Unterschied zwischen dem Lernen in der Schule und dem Lernen im Jurastudium Kapitel 7). Das Studium und die Staatsprüfung erfordern eine gute Planung. Vielen Studenten würde eine eigenverantwortliche lang-, mittel- und kurzfristige Studienplanung, bestehend aus Studienmodell, Grobplanung, Semesterplanung, Wochenplanung, Lernplanung und gegebenenfalls Tagesplanung sehr helfen, aber vielen wird das erst im Laufe des Studiums bewusst. Denn ohne langfristige Ziele (Berufswunsch, bestimmte Examensnote), mittelfristige Ziele (Zwischenprüfung, Hausarbeiten, Seminararbeit) und die konkrete Formulierung von Lernzielen können Sie im Studium ganz schön durchhängen. Das bedeutet für einen erfolgreichen Studienbeginn: Sich neue Lernstrategien aneignen und Planungskompetenz entwickeln. Vor allem Strategien zur Selbstmotivation, zur Selbstdisziplin und zum Selbstmanagement können Ihnen enorm helfen.

b) Universitätsprüfung

> **Universitätsprüfung = Klausur und/oder Seminararbeit und/oder mündliche Prüfung**

Die Bestandteile der Universitätsprüfung für den Schwerpunktbereich hängen von den Rahmenbestimmungen des Bundeslands und konkret von der Regelung an der Fakultät ab. Somit unterscheidet sie sich von Fakultät zu Fakultät. Sie besteht meist aus zwei oder drei (teilweise bis zu fünf) Prüfungsleistungen (Klausur, Seminararbeit und/oder einer mündlichen Prüfung/Vortrag). Diese können über mehrere Semester hinweg erbracht werden. Es ist also keine Abschlussprüfung, für die Sie wieder alles auf einmal können müssen.

5. Prüfungen im Studium

Im Studium werden Sie in Form von kürzeren Klausuren (90 bis
180 Minuten), Hausarbeiten und in der Regel einer Seminararbeit
geprüft. Hausarbeiten erfordern die schriftliche wissenschaftliche
Bearbeitung und Lösung eines umfangreicheren Sachverhalts. Alle
Studenten, die diese Hausarbeit schreiben, erhalten denselben Fall.
Der Zeitaufwand hierfür beträgt drei bis sechs Wochen; der Umfang
der fertigen Arbeiten ca. 15 bis 20 Seiten. Eine Seminararbeit erfordert die wissenschaftliche Bearbeitung eines individuell gewählten
Themas in einem bestimmten Zeitraum von meist vier bis sechs Wochen (für die man manchmal aber auch bis zu sechs Monaten Zeit
bekommt). In der Seminarveranstaltung halten Sie dann eine Präsentation über ihre Seminararbeit mit anschließender Diskussion.

Haben Sie bei den Prüfungen im Studium gerade etwas bemerkt?
Bis auf die mündliche Präsentation der Seminararbeit (Referat)
finden mündliche Prüfungen während des Studiums in der Regel
überhaupt nicht statt. Risiko: Sie können letztlich nahezu schwei-
gend Jura studieren. Allerdings müssen Sie am Ende mindestens
eine mündliche Prüfung (im staatlichen und teilweise auch im
universitären Teil) bestehen. In der Berufspraxis müssen Sie Ihren
Standpunkt mündlich argumentativ überzeugend vertreten. Das
Mündliche wird im Studium also viel zu wenig von Ihnen gefordert,
deshalb müssen Sie sich selbst darum kümmern. Nebenwirkung:
Umgekehrt brauchen Sie keine Angst zu haben, dass sie in den
ersten Semestern vor anderen abgefragt werden und sich dabei
blamieren können. Im Jurastudium können Sie sich meistens in
der Menge der Studenten verstecken (was aber natürlich nicht
empfehlenswert ist). Das mündliche Argumentieren von Anfang an
zu üben und Schlüsselkompetenzen (dazu unten 9.) zu erwerben,
gibt zwar keine Noten im Studium, aber Sie trainieren für die mündlichen Prüfungen am Ende des Studiums und für Ihr Berufsleben;
und das ist so wichtig!

6. Was sollen Sie im Studium und am Studienende eigentlich genau lernen und können?

In Klausuren während des Studiums und in den Klausuren der Ersten Prüfung sollen Sie zeigen, dass sie das „Recht mit Verständnis erfassen und anwenden können". So ist das in § 16 Bayerische Ausbildungs- und Prüfungsordnung (BayJAPO) formuliert, und so ähnlich steht es in den Justizausbildungsgesetzen anderer Bundesländer. Juristenausbildung ist keine Berufsausbildung, sondern ein rechtswissenschaftliches Studium an einer Universität. In Abgrenzung zu anderen juristischen Berufsausbildungen lernen Sie also Rechtswissenschaft, nicht Rechtskunde. Diesen Unterschied zu erkennen ist wichtig. Rechtspfleger, Verwaltungsfachwirte, Rechtsfachwirte, Vollzugsbeamte und andere Berufsgruppen lernen in ihren Ausbildungen auch Rechtsvorschriften kennen (angehende Polizisten haben fast 800 Stunden Rechtskunde). Anschließend können sie in ihrem Beruf mit diesen Rechtsnormen umgehen: Eine BAföG-Sachbearbeiterin kann BAföG-Bescheide erstellen, ein Finanzamt-Mitarbeiter Steuerbescheide, und Baugenehmigungen werden am Landratsamt in aller Regel nicht von Volljuristen erlassen.

Ziel des Studiums ist daher, über bloße Rechtskunde hinausgehend, dass Sie am Ende das Recht auf unbekannte, schwierige Sachverhalte mit Verständnis anwenden können. Das bedeutet auch, dass Sie methodisch richtig eine vertretbare Lösung für die Beteiligten entwickeln. Am Ende des Jurastudiums können Sie also diejenigen Sachverhalte bearbeiten, die sich nicht einfach so oder nicht von einer untergeordneten Stelle lösen lassen. Im Berufsleben kommt zu Ihnen als Volljurist immer der Problemfall. Für diesen Problemfall, der dann auf Ihrem Tisch liegt, gibt es keine einfache Lösung, und die Standardlösung passt aus unterschiedlichen Gründen nicht. Hinter dem Problemfall stehen Menschen mit unterschiedlichen Interessen und manchmal große persönliche Schicksale. Um aber diesen schwierigen Fall sinnvoll lösen zu können, brauchen Sie andere Kompetenzen als nur das Wissen aus einem Rechtskundeunterricht. Das bloße Kennen der Normen reicht nicht. Sie müssen die Normen wirklich verstanden haben. Dazu erfahren Sie im Studium, wie die einzelnen Normen nach Wortlaut, Sinn und Zweck, Entstehungsgeschichte und nach ihrer

systematischen Stellung ausgelegt werden können. Sie lernen auch
die Zusammenhänge zwischen den Normen, die Systematik, das
Normengefüge und die Querverbindungen kennen. Sie erlangen
nach und nach die Fähigkeit, mittels juristischer Denkmethoden
mit Gesetzen und der Rechtsprechung umzugehen. Die Voraussetzung für ein tiefes Verständnis von Normen ist natürlich zunächst
auch das einfache Verstehen. Natürlich müssen Sie die Normen
zunächst einfach kennenlernen, so wie ein Grundschüler in der
ersten Klasse Buchstaben lernen muss. Aber Ziel ist eben nicht das
Lernen der Buchstaben, sondern langfristiges Ziel im übertragenen
Sinn ist, mit den Buchstaben Wörter und Sätze zu bilden (mehr zu
den Zielen des Lernens Kapitel 7 und 8).

Die konkrete Anforderung in Prüfungen während des und am Ende
des Studiums besteht darin, einen unbekannten Sachverhalt inhaltlich *vertretbar* und methodisch richtig zu bearbeiten. Was ist
eine *vertretbare* Lösung? Das kann hier nicht abschließend geklärt
werden, aber diese einfache Überlegung kann vielleicht helfen: Bis
ein konkreter Sachverhalt vor ein deutsches oberstes Gericht (siehe
Art. 95 Grundgesetz (GG), zum Beispiel den Bundesgerichtshof
oder den Bundesfinanzhof) oder vor das höchste deutsche Gericht
(siehe Art. 92 GG, das Bundesverfassungsgericht) gelangt, haben
in der Regel mehrere Instanzen entschieden (z. B. Amtsgericht,
Landgericht, Oberlandesgericht). Alle Volljuristen, die an diesen
Entscheidungen beteiligt waren (Rechtsanwälte und Richter der
ersten Instanz, Rechtsanwälte und Richter der zweiten Instanz (Berufung), Rechtsanwälte und Richter am Bundesgerichtshof (Revi-
sion), Rechtsanwälte und Richter am Bundesverfassungsgericht –
das können insgesamt schon bis zu 20 Volljuristen sein) – sie alle
ringen um eine interessengerechte Lösung für diesen Sachverhalt
bzw. für die davon betroffenen Parteien. Die einen vertreten die
Interessen der Klagepartei, die anderen die Interessen der beklag-
ten Partei und die Richter in den Instanzen entscheiden zunächst
vielleicht zu Gunsten und später dann doch zu Ungunsten der
Klagepartei. In ganz besonderen Konstellationen entscheiden am
Ende möglicherweise acht Richter eines Senats am Bundesverfassungsgericht – und auch diese acht kompetenten Volljuristen am
Höhepunkt ihrer Karriere sind sich selten einig, die Entscheidung
fällt zum Beispiel mit 5:3 Stimmen.

Rechtsanwendung ist also häufig das Ringen um die interessen-
gerechteste Lösung im Rahmen des vorgegebenen Rechtssystems.
Dieses Ringen mitzumachen und am Ende vertretbar zu entscheiden – das sollen Sie im Jurastudium lernen. Das geht nicht von
heute auf morgen, sondern dazu studieren Sie im Durchschnitt elf
Semester. Sie üben die zuerst an einfachen und später an komplexen Fällen, zuerst an Fällen innerhalb eines Rechtsgebiets und später an rechtsgebietsübergreifenden Fällen. Das wahre Leben nimmt
nämlich keine Rücksicht auf die Einteilung von Rechtsgebieten.

Ein Beispiel: Zu Ihnen als Anwalt kommt nicht ein Mieter, der ein
alltägliches Problem hat. Das kann er schon mit den Informationen
auf den Webseiten des örtlichen Mietervereins und den dort angebotenen kostenfreien Musterschreiben bewältigen. Dazu braucht
er keinen Volljuristen. Nein, zu Ihnen kommt eine Frau, die vor vier
Jahren in eine Wohnung miteingezogen ist, ohne dass der Vermieter
informiert wurde. Seither nutzt sie die Wohnung. Inzwischen ist der
eigentliche Mieter schon ausgezogen und der Vermieter gestorben.
Eine fünfköpfige Erbengemeinschaft ist an Vermieterstelle getre-
ten. Diese vertritt unterschiedliche Auffassungen. Zudem ist das
Kautionskonto beim verstorbenen Vermieter nicht mehr auffindbar,
und der eigentliche Mieter ist für ein Auslandsjahr in Australien.
Gekündigt hat die aktuelle Nutzerin der Wohnung mit einem Brief
an die Adresse des verstorbenen Vermieters. Sie denken sich jetzt
sicher, dass sich so ein Fall reichlich übertrieben anhört. Aber so ist
das Leben. Jeder, der das Jurastudium schon hinter sich hat, denkt
wehmütig an die immer noch einfachen Fälle im Studium zurück.
Denn auch wenn sich Fälle im Studium manchmal kompliziert an-
hören – das wahre Leben ist um ein Vielfaches komplizierter.

Risiko und Nebenwirkung: Sich Fachwissen in den Kernbereichen
des Rechts anzueignen, gelingt vielen Studenten relativ gut. Doch
umfangreiches Wissen ist nahezu wertlos, wenn es in den Prüfungen (und später im Beruf) methodisch nicht richtig angewendet
werden kann. Dies wird von Studenten oft übersehen – besonders
in den ersten Semestern angesichts der Menge an Stoff, von dem
Studenten glauben, sie müssten ihn sofort umfassend und vollständig bewältigen. Die Nacharbeit einer Vorlesung, das Lesen eines
Lehrbuchs, das Markieren und das Exzerpieren sind Lerntechniken,
die aus der Schule bekannt sind. Studenten könnten nach dem

Lernen sehr gute Präsentationen entwickeln, Referate halten oder Multiple Choice Tests bestehen. Niemand aber fordert eine solche Präsentation und bisher gibt es auch keine Multiple Choice Tests. In einer Klausur wird immer die methodisch richtige Anwendung des Fachwissens auf einen konkreten Fall gefordert und bewertet. Für das Training der Anwendung des Wissens in der Falllösung nehmen sich viele Studenten viel zu wenig Zeit. Genau das aber ist wesentlich für den Studienerfolg. Wichtig ist, neben dem Erwerb des Fachwissens die juristische Denkweise intensiv durch aktive Übung und Anwendung des Gelernten zu trainieren. Es reicht also im Jurastudium nicht, etwas sehr fleißig zu lernen, sondern Sie müssen möglichst früh herausfinden, wie Sie Jura auf die richtige und für Sie passende Weise lernen können (dazu Kapitel 7 und 8).

7. Welche Fächer lernen Sie im Studium?

§ 5a Abs. 2 DRiG lautet: *„Gegenstand des Studiums sind Pflichtfächer und Schwerpunktbereiche mit Wahlmöglichkeiten"*. Damit kommen wir zu den Fächern im Studium. Die zu lernenden Fächer im Jurastudium sind bestimmte Rechtsgebiete oder bestimmte Teile von Rechtsgebieten überwiegend im deutschen Recht.

Beim Stichwort Recht denken viele sofort an **Strafrecht**. Das mag auch an den Medien liegen. Denn strafrechtliche Tatbestände, vor allem Mord und Totschlag, bringen gute Einschaltquoten. Aber auch in der Alltagssprache werden häufig strafrechtliche Begriffe gebraucht, wie zum Beispiel, dass man jemanden am liebsten *an*klagen würde (sehr gerne Hauseigentümer ihre Nachbarn). Jemanden *an*klagen darf aber ausschließlich der Staatsanwalt in einem Strafprozess. Eine Anklage richtet sich gegen den *Ange*klagten und setzt voraus, dass der hinreichende Verdacht besteht, dass der Angeklagte gegen ein in Strafgesetzen geregeltes Strafdelikt verstoßen hat. Im Strafrecht geht es um Straftaten, also um solche Verhaltensweisen, die der Staat so sehr missbilligt, dass er das Verhalten unter Strafe stellt.

Streiten sich aber Hauseigentümer und Nachbar, sind sich zwei Bürger uneinig. Hier befinden wir uns im **Zivilrecht**. Es geht um ein Miteinander oder Gegeneinander von einzelnen oder mehreren Bürgern, aber auch von juristischen Personen wie Aktiengesellschaften (AG) oder Gesellschaften mit beschränkter Haftung (GmbH). Ein Miteinander in Form von Absprachen und Verträgen aller Art, ein Gegeneinander bei Streitigkeiten aus Verträgen, aber auch bei der Beschädigung einer Sache oder Verletzung einer Person. Der Eigentümer kann in einem Zivilprozess gegen den Nachbarn klagen, dann ist er der Kläger und der Nachbar der *Be*klagte (aber nicht der *An*geklagte). Im Idealfall geht man im Zivilrecht von einer Gleichordnung der beteiligten Parteien aus. Der Staat (Behörden) sind nicht oder nur indirekt beteiligt.

Im **Öffentlichen Recht** geht es um das Verhältnis der Bürger zum Staat, vereinfacht: Fast immer, wenn Behörden am Vorgang beteiligt sind, befinden wir uns im Öffentlichen Recht. Sie beantragen einen neuen Personalausweis, Sie sind umgezogen und müssen zum Einwohnermeldeamt, Sie erhalten Ihren Führerschein, Sie möchten ein Gewerbe anmelden, Sie brauchen eine Baugenehmigung oder Sie erhalten (hoffentlich nicht) einen Bußgeldbescheid. Dabei steht der Bürger dem Staat untergeordnet gegenüber. Zum Öffentlichen Recht gehören aber insbesondere auch das Staatsrecht und die Regelungen der Beziehungen von Staaten untereinander (Völkerrecht). Im deutschen Recht kommt die Besonderheit der Bundesländer dazu. Deren Verhältnis untereinander und zur Bundesrepublik Deutschland muss ebenfalls geregelt werden.

Das Zivilrecht, das Öffentliche Recht und das Strafrecht bilden die drei großen Säulen des deutschen Rechts. Von den sechs Klausuren der Staatsprüfung sind in der Regel drei Klausuren aus dem Zivilrecht, zwei Klausuren aus dem Öffentlichen Recht und eine Klausur aus dem Strafrecht. In Deutschland gilt allerdings nicht nur das deutsche Recht, sondern unter bestimmten Voraussetzungen auch das Recht der Europäischen Union, so dass man innerhalb dieser Säulen auch mit EU-Recht in Berührung kommt und etwas darüber wissen muss.

Innerhalb dieser drei Säulen gibt es einige besonders wichtige Rechtsgebiete, die im Studium zu lernen sind. Sie werden Pflichtfächer genannt, weil alle Studenten diese Fächer für die Staatsprüfung lernen müssen. Welche Fächer das sind, wird in den Justizausbildungsgesetzen der Bundesländer festgelegt. Aus allen drei Säulen zusammen ergeben sich ungefähr 25 Fächer.

Zur Bedeutung der Hervorhebung siehe unten Gliederungspunkt
11.a)

Zivilrecht (12)	Öffentliches Recht (9)	Strafrecht (4)
BGB Allgemeiner Teil	**Staatsorganisations-recht mit Verfassungsprozess-recht**	**Strafrecht Allgemeiner Teil**
Schuldrecht Allgemeiner Teil	Grundrechte	**Strafrecht Besonderer Teil I Vermögensdelikte**
Schuldrecht Besonderer Teil: Vertragliche Schuldverhältnisse	Allgemeines Verwaltungsrecht	**Strafrecht Besonderer Teil II Nichtvermö-gensdelikte**
Schuldrecht Besonderer Teil: Gesetzliche Schuldverhältnisse	Verwaltungsprozess-recht	Strafprozessordnung
Mobiliarsachenrecht	Besonderes Verwaltungsrecht: Gefahrenabwehrrecht	
Immobiliarsachen-recht	Besonderes Verwaltungsrecht: Kommunalrecht	
Familienrecht	Besonderes Verwaltungsrecht: Baurecht	
Erbrecht	Europarecht und Völkerrecht	
Handelsrecht	Staatshaftungsrecht	
Gesellschaftsrecht		
Internationales Privatrecht		
Zivilprozessrecht		

Säulenübergreifend gibt es daneben Grundlagenfächer wie Juristische Methodenlehre, Rechtsphilosophie, Rechtsgeschichte, Rechtssoziologie. Da meist nur in einem dieser Fächer eine Prüfung zu bestehen ist und diese oft im ersten Studienjahr erfolgt, werden sie von Studenten gern links liegen gelassen. Das ist schade, denn diese Rechtsgebiete helfen vor allem, ein Verständnis des Rechts zu entwickeln und sind daher sehr nützlich.

Risiko und Nebenwirkung? Bedeuten diese 25 Fächer die gefürchtete Stofffülle und ist das überhaupt zu schaffen?

Erstens: Generationen von Jurastudenten haben das vor Ihnen hinbekommen. Wenn es nicht zu schaffen wäre, gäbe es das Jurastudium nicht.

Zweitens: Wenn man den Stoff, den man im Laufe eines Bachelor-/Masterstudiums können muss, zusammenzählt, ergeben sich bei vielen anderen Studiengängen auch 25 Fächer. Die Zahl 25 hat nur deswegen eine so abschreckende Wirkung, weil man alle Fächer am Studienende „gleichzeitig" können soll.

Drittens: Wenn man frühzeitig effektiv und effizient studieren lernt und erkennt, dass vieles aufeinander aufbaut oder systematische Ähnlichkeiten bestehen, verlieren die 25 Rechtsgebiete ihren Schrecken.

Viertens: Ein weiterer Gedanke relativiert die Zahl von 25. Tatsächlich gibt es noch mindestens 75 andere größere Rechtsgebiete, mit denen Sie im Studium überhaupt noch nicht konfrontiert werden (außer mit einigen wenigen im Schwerpunktbereich, dazu gleich unter 8). Nahezu jeder Lebensbereich ist auch rechtlich mehr oder weniger geregelt. Im Studium erfolgt trotz der Stofffülle ein exemplarisches Lernen. Das methodische Arbeiten ist deshalb so wichtig, weil Sie sich später auch in den vielen anderen Rechtsgebieten zurechtfinden müssen, die Sie im Studium nicht hatten. Wenn Sie also im Studium gelernt haben, mit den 25 Pflichtfächern umzugehen, traut man Ihnen zu, mit den restlichen Rechtsgebieten später ohne ein weiteres Studium selbstständig zurechtzukommen. Das ist das Kennzeichen der deutschen Juristenausbildung – es handelt sich um eine tolle Ausbildung, auf die Juristen in der ganzen Welt anerkennend blicken.

Fünftens: Die 25 Rechtsgebiete erarbeiten Sie nicht alle auf einmal, sondern nach und nach im Studium. Und noch einmal zurück zu den Grundlagenfächern: Sie helfen wirklich dabei, ein

Verständnis des Rechts zu entwickeln. Also diese Rechtsgebiete nicht links liegen lassen, sondern sich auch ohne unmittelbaren Prüfungsdruck mit ihnen beschäftigen und Erkenntnisse für die 25 Pflichtfächer daraus ableiten.

8. Schwerpunktbereiche und Schwerpunktfächer

Zusätzlich wählen Sie für das Schwerpunktstudium und die Universitätprüfung einen Schwerpunktbereich, der aus mehreren Schwerpunktfächern besteht. Hier können Sie also schon einen Einblick in einige Rechtsgebiete jenseits der 25 Pflichtfächer erhalten. Jede Fakultät entscheidet über die angebotenen Schwerpunktbereiche eigenständig; die Angebote unterscheiden sich erheblich und betreffen alle Säulen des Rechts, so etwa Strafverteidigung, Wettbewerbsrecht, Medienrecht, Kapitalmarktrecht, Insolvenzrecht, Sozialrecht, Internationales und Europäisches Steuerrecht, Infrastrukturrecht, Medizinrecht und vieles mehr. Einen Überblick über die vielfältigen Schwerpunktbereiche erhalten Sie unter t1p. de/6c7q. In dieser Datenbank sind 408 (!) in den Jahren 2008 bis 2018 angebotene Schwerpunktbereiche enthalten, die nach 17 Themengebieten geordnet sind.

9. Schlüsselkompetenzen

Sie können später überzeugend auftreten und sind rhetorisch geübt. Sie formulieren sachlich und sprachlich exakt. Sie haben die Fähigkeit, juristischen Laien komplexe Zusammenhänge verständlich zu machen. Sie führen Gespräche konstruktiv, können vermitteln und schlichten und haben Einfühlungsvermögen. Um den Anforderungen des juristischen Berufsalltags gewachsen zu sein, brauchen Sie gute überfachliche Schlüsselkompetenzen (*soft skills*).

Risiko und Nebenwirkung? Im Studium werden Schlüsselkompetenzen weder zielgerichtet gefordert noch gefördert. Sie brauchen nur einen einzigen Schlüsselqualifikations-Nachweis zur Anmeldung zum Examen, und müssen dazu einmal an einem zwei- oder dreitägigem Kurs teilgenommen haben. Tatsächlich prognostizieren Arbeitsmarktexperten: Die *soft skills* von heute werden die *hard skills* von morgen sein. Die Digitalisierung und die jederzeitige Verfügbarkeit und Abrufbarkeit von Fachwissen werden dazu führen, dass es in einer vernetzten globalisierten Welt zukünftig vor allem auf Recherchekompetenz, Kommunikations- und Kritikfähigkeit, Sozialkompetenz, Teamfähigkeit, Kreativität, Empathie und interkulturelle Kompetenz ankommt. Durch die Veränderung des Marktes für Rechtsdienstleistungen werden auch spezifische Fähigkeiten und Fertigkeiten in technischen Bereichen (Stichwort *legal tech*) immer wichtiger. Das bewusste Training von Schlüsselkompetenzen im Studium zu vernachlässigen, nur weil es hierfür keine Noten gibt, ist keine gute Idee und nicht karrierefördernd (dazu sogleich noch 11.l).

10. Praktische Studienzeit

Gesetzlich vorgeschrieben sind im Studium sehr wenige Praktika, da sich an das Studium noch das Referendariat mit viel praktischer Ausbildung anschließt. Nach Bundesrecht sind mindestens drei Monate vorgesehen; in den meisten Ausbildungsgesetzen ist das in drei Pflichtpraktika im Umfang von je vier Wochen umgesetzt. Die praktische Studienzeit muss in den vorlesungsfreien Zeiten absolviert werden. Freiwillige Praktika sind immer möglich, auch schon vor dem Studium. Der Markt für Rechtsanwaltsfachangestellte ist derzeit mehr oder weniger leergefegt; Rechtsanwälte freuen sich immer über Unterstützung. Daher schnuppern Sie einfach einmal ein paar Wochen Kanzleiluft schon vor Beginn des Studiums.

11. Wie läuft das Studium ab?

a) Ablauf in Bezug auf die Pflichtfächer

Ein Schnelldurchlauf durchs Studium der Pflichtfächer sieht so aus: Grundstudium, Hauptstudium, Examensvorbereitungsphase. Diese Begriffe sind nicht vorgegeben, sondern haben sich so etabliert.

Das **Grundstudium** umfasst die ersten drei bis vier Semester, in denen man alle Kernfächer (in der Übersicht oben durch Fettdruck hervorgehoben) einschließlich der Methodik systematisch erarbei-

tet und die Fallbearbeitung trainiert. Es ist abgeschlossen, wenn
man die Zwischenprüfung bestanden hat. Die Zwischenprüfung ist
aber anders als die Erste Prüfung nicht Abschlussprüfung für das
Grundstudium zu einem bestimmten Termin, sondern sie setzt
sich aus einer bestimmten Anzahl bestandener Klausuren zusammen. Diese Klausuren können mitunter auch mehrmals wiederholt
werden, so dass die Zwischenprüfung keine wirklich hohe Hürde
darstellt. Wer hier schon besonders große Schwierigkeiten hat,
sollte lieber im vierten oder fünften Semester darüber nachdenken, ob Jura das richtige Fach ist, als dann in der Ersten Prüfung
endgültig zu scheitern.

Im anschließenden Hauptstudium kommen die anderen Pflichtfächer dazu, und Sie vertiefen die Kernfächer aus dem Grundstudium. Sie bauen Ihre Kenntnisse und Fähigkeiten aus. Dazu wird
man in Form von Fortgeschrittenenklausuren geprüft und erwirbt
typischerweise in jeder der drei Säulen (Zivilrecht, Strafrecht, Öffentliches Recht) einen Vorgerückten-Schein (auch großer Schein
genannt). Diese drei großen Scheine sind die zentrale Voraussetzung für die Anmeldung zur Staatsprüfung. Dazu kommen je nach
Bundesland noch einige andere Scheine (Seminarschein, Schlüs-
selqualifikationsschein, Grundlagenschein). Häufig sind Studenten nach dem sechsten oder siebten Semester „scheinfrei", das
bedeutet, sie haben alle notwendigen formellen Voraussetzungen
für die Erste Prüfung.

Dann beginnt die **Examensvorbereitungsphase.** Obwohl man
„scheinfrei" ist, braucht man für die intensive Vorbereitung auf
die Erste Prüfung 12 bis 18 Monate. Die Universitäten bieten inzwischen umfangreiche Wiederholungs- und Vertiefungskurse an
(Examinatorien mit Vertiefungsveranstaltungen, Klausurenkurse,
Probeexamina, Prüfungssimulationen). In dieser Phase muss man
keine Prüfungsleistungen erbringen, allerdings muss man dann
das Bearbeiten und Ausformulieren der fünfstündigen Examensklausuren intensiv trainieren. Typischerweise schreibt man jede
Woche mindestens eine fünfstündige Probeklausur. Diese dienen
jedoch lediglich Übungszwecken.

Risiko und Nebenwirkung? Die Zwischenprüfung ist keine wirkliche
Zwischenprüfung am Ende des Grundstudiums. Man erhält somit

auch nicht zu einem bestimmten Zeitpunkt eine Rückmeldung über den gegenwärtigen Leistungsstand in allen Fächern, die man bisher gelernt haben sollte. Man kann mit einem gewissen Bulimie-lernen die einzelnen Klausuren im Grundstudium gerade so beste-hen. Auch im Hauptstudium gelingt es noch, sich auf bestimmte Stoffabschnitte zu konzentrieren, die in der Klausur voraussichtlich drankommen. Obwohl man dann „scheinfrei" ist, haben viele Stu-denten noch kein solides Basiswissen in allen Fächern. Da man im Laufe des Studiums die 25 Fächer lernt und Vieles aufeinander aufbaut, beginnt so gesehen die Examensvorbereitung im ersten Semester. Wer im Grund- und Hauptstudium zu viele Lücken lässt, muss alles am Ende lernen. Viele stellen erst am Beginn der Exa-mensvorbereitungsphase fest, was Sie alles noch nicht wissen oder schon wieder vergessen haben. Leider glauben dann viele Studen-ten, sich neben oder zusätzlich zu den universitären Angeboten einem privaten (kommerziellen) Repetitor anvertrauen zu müssen. Aber niemand muss heutzutage zu einem privaten Repetitor ge-hen, da die universitären Angebote inzwischen überwiegend sehr gut organisiert sind. Und für alle Fälle gilt: Je besser vorbereitet man in die Examensvorbereitungsphase geht, desto mehr kann man vor ihr profitieren. Studieren heißt daher nachhaltig zu lernen (siehe Kapitel 7).

b) Ablauf in Bezug auf die Schwerpunktfächer

Das Schwerpunktstudium ist Teil des Hauptstudiums und dau-ert zwischen zwei und vier Semestern. Es endet mit der letzten Prüfung im Rahmen der Universitätsprüfung, die so heißt, weil sie an der Universität abgehalten wird. Der Zeitpunkt des Schwer-punktstudiums ist wählbar; es kann im Studienverlauf entweder als Teil des Hauptstudiums vor der Examensvorbereitungspha-se durchlaufen werden oder als Krönung des Studiums nach der Staatsprüfung. Von nicht wenigen Fakultäten wird favorisiert, dass man das Schwerpunktstudium mit Universitätsprüfung vor der Examensvorbereitungsphase durchzieht. Motiv hierfür ist jedoch vor allem, dass die Studenten hier etwas schneller mit dem Studi-um fertig werden. An manchen Fachbereichen sind die Prüfungen für den Schwerpunktbereich so gestaltet, dass vor den Klausuren eine längere intensive Lernphase eingeplant werden muss. Die Er-örterung, welche Vor- und Nachteile jeweils damit verbunden sind, würde hier zu weit führen. Aber es lohnt sich, spätestens ab dem

vierten Fachsemester darüber nachzudenken, aus welchen Teilleis-
tungen die Schwerpunktprüfung besteht, in welcher Reihenfolge
sie abgelegt werden können und wie das Schwerpunktstudium
optimal in das Studium integriert werden kann.

c) Schulunterricht ade – Was wird in Lehrveranstaltungen eigentlich veranstaltet?

An Universitäten wird nicht unterrichtet, sondern gelehrt – und zwar
von Dozenten in Lehrveranstaltungen. Das ist der Oberbegriff für
alle Lehrformen. Im Jurastudium sind das vor allem Vorlesungen,
Anfänger-Übungen (kleine Übungen) und Vorgerückten-Übungen
(große Übungen), Arbeitsgemeinschaften (Fallbesprechungen/Kol-
loquien/Propädeutika/Tutorien) und (wissenschaftliche) Seminare.
Vorlesungen werden traditionell von Professoren gehalten (man
spricht auch davon, dass sie „gelesen" werden), während Arbeitsgemeinschaften von wissenschaftlichen Mitarbeitern (aus dem
sogenannten akademischen Mittelbau) oder manchmal von fortgeschrittenen Studenten geleitet werden. In Vorlesungen werden
die einzelnen Fächer systematisch aufbereitet dargeboten, meist vor
großen Gruppen zwischen 100 und 500 Teilnehmern. Die Arbeitsgemeinschaften haben eher Klassenstärke (20 bis 50 Teilnehmer).
Dort wird die fallbezogene Anwendung der Kenntnisse geübt. Die
Übungen sind eine Mischform – es handelt sich eigentlich um Vorlesungen, jedoch wird hier besonderer Wert auf die Anwendung des
Stoffes in Fällen gelegt. Übungen dienen zur Vorbereitung auf die
Prüfungsklausuren während des Studiums.

Risiko und Nebenwirkung: Es reicht nicht aus, sich auf Lehrveranstaltungen zu verlassen. Denn das Ziel ist nicht die Vor- und
Nacharbeit der Veranstaltung. Das Ziel ist das eigenständige,
systematische Erarbeiten der Rechtsgebiete mit einer eigenen
Strukturierung des Lernstoffs. Lehrveranstaltungen sind dabei
eine unterstützende Wissensquelle. Neben Lehrveranstaltungen
stehen Ihnen viele unterschiedliche Lernmaterialien zur Verfügung. Außerdem gibt es ganz unterschiedliche Lernmethoden.
Studenten ist jedoch häufig nicht bewusst, dass sie – anders als
in der Schule – zahlreiche Entscheidungen in Bezug auf den Wissenserwerb treffen müssen. Das Studium erschöpft sich nicht in
der Frage, was zu lernen ist, sondern Sie müssen sich fragen: Was
ist wie, in welchem Umfang, zu welchem Zweck, mit welchen Zielen, in welchem Zeitraum, zum Zwecke welcher Anwendung so

zu lernen, dass ich die an mich gestellten Anforderungen erfülle?
Wie schaffe ich das genau und bin ich bei den einzelnen Schritten
auf dem richtigen Weg? Die Beantwortung dieser Fragen erfordert
Fähigkeiten zur Reflexion im Bereich der Stoffauswahl, der Stoff-
strukturierung, der Lesekompetenz, der Wissensspeicherung und
der Wissenskontrolle (dazu Kapitel 7).

12. Für welche Universität soll ich mich entscheiden?

Wer die Wahl hat, hat die Qual. Sie haben die Auswahl unter 42
deutschen Universitäten, die einen Studiengang Rechtswissen-
schaft mit Ziel Erste Prüfung anbieten. Jeder Standort hat Vor- und
Nachteile. Es spielt am Ende in Deutschland eine untergeordnete
Rolle, an welcher Universität Sie studiert haben. Am Ende zählt die
Note, nicht die Universität.

Ihre individuelle Entscheidung für einen Standort hängt daher von
einigen Vorüberlegungen ab wie etwa:

a) Privat oder staatlich?
b) Numerus clausus?
c) Studienbeginn nur im Wintersemester oder auch im Sommer-
    semester möglich?
d) Unbedingt exzellent oder jedenfalls mit langer Tradition?
e) Schwerpunkt für mich dabei?
f) Kleine oder große Universität oder unbedingt Großstadt?
g) In der Heimat bleiben oder nicht?
h) Eher verschult oder Freiraum?
i) Stark am Studienbeginn?
j) Stark in der Examensvorbereitung?
k) Wertschätzung der Lehre?
l) Zusatzangebote?

Zu diesen Vorüberlegungen im Einzelnen:

a) Private oder staatliche Universität?
Diesen Punkt können wir sehr schnell erledigen. Es gibt nur drei
private Hochschulen, an denen man entweder mit Hilfe eines Sti-
pendiums oder gegen Zahlung von Studiengebühren mit dem Ziel

Erste Prüfung studieren kann: die Bucerius Law School in Hamburg
(mit einem sehr strengen Auswahlverfahren), die EBS Universität
für Wirtschaft und Recht in Wiesbaden und die BSP Business &
Law School in Berlin. Aufgrund der sehr hohen Studiengebühren
können Sie dort hervorragende Studienbedingungen erwarten und
auch erhalten. Da dies jedoch für die wenigsten Leser in Betracht
kommen dürfte, geht es im Weiteren um die staatlichen Universitäten.

b) Gibt es einen Numerus clausus?

Das ist weniger eine Vorüberlegung als eine Bedingung. Doch die
gute Nachricht ist: Nur an wenigen Universitäten ist die Zulassung
beschränkt und man muss einen bestimmten Notenschnitt im Abitur erreicht haben, um zugelassen zu werden (numerus clausus).
Wenn man die Zulassung aufgrund der Note nicht schafft, gibt es
noch viele andere sehr gute Standorte, oder man kann in einem
höheren Semester versuchen, an seine Traumuniversität zu wechseln. Aufnahmetests gibt es für das Jurastudium an den staatlichen
Universitäten nicht.

c) Studienbeginn nur im Wintersemester oder auch im Sommer-
semester möglich?

Der Studienbeginn ist an vielen Universitäten nur zum Wintersemester (Beginn in der Regel im Oktober) möglich. Soweit Sie also
ein halbes Jahr „Pause" nach dem Abitur einlegen und das Studium
zum Sommersemester im April starten wollen, ist die Auswahl auf
jeden Fall eingeschränkt.

d) Muss es unbedingt eine exzellente Universität oder eine mit
langer Tradition sein?

Das Merkmal „Exzellenz" bezieht sich in der Regel auf die Forschungsleistungen, die am jeweiligen Fachbereich erbracht werden. Exzellenz muss jedoch nicht zwingend heißen, dass Sie im
Studium von dieser Exzellenz profitieren. Vielleicht hat gerade an
einem exzellenten Fachbereich die Lehre und vor allem die Sorge um nicht ganz so exzellente Studenten einen nachgeordneten
Stellenwert. Auch Rankings geben (nur) einen Anhaltspunkt. Universitäten mit langer Tradition können, aber müssen nicht, eher
konservativ sein und ihren Stil schon jahr(hundert)elang verfolgen.
Innovative Projekte mögen es hier vielleicht schwerer haben. Bei

Rankings sollten Sie auf die Bewertungskriterien achten. Einen fachbezogenen Vergleich bietet das sehr bekannte CHE Hochschulranking. Letztlich ist Exzellenz und das Ergebnis eines Rankings eine Momentaufnahme, und auch an traditionsreichen Fakultäten können von erst gerade an die Fakultät berufenen Lehrenden interessante und innovative Projekte initiiert werden. Zu viel Wert sollten Sie aus unserer Sicht auf diese Faktoren nicht legen.

e) Sind Schwerpunkte für mich dabei?

Für denjenigen, der schon ein ganz genaues Berufsziel verfolgt, ist es sinnvoll, sich die Schwerpunktbereiche der Universitäten genauer anzusehen. Vielleicht schwanken Sie noch zwischen zwei Studiengängen, zum Beispiel Medizin und Jura. Es gibt Schwerpunktbereiche, die sich mit Medizinrecht oder Transplantationsmedizin beschäftigen. Wer die Großkanzlei mit internationalem Bezug im Auge hat, kann sich (natürlich nicht nur) an der Goethe-Universität Frankfurt am Main intensiv und vertieft mit Law and Finance auseinandersetzen. Wenn Sie noch kein festes Berufsziel haben, wird dieser Faktor eher eine kleine Rolle spielen.

f) Kleine oder große Universität oder soll es unbedingt eine Großstadt sein?

Zum Wintersemester beginnen an staatlichen Universitäten zwischen 150 und 900 Erstsemester ihr Jurastudium. Es macht einen großen Unterschied, ob Sie einer von 150 oder einer von 900 Mitstudenten sind. Eine große Fakultät ist meist (aber nicht immer) in einer großen Stadt[1]. In der Großstadt sind die Lebenshaltungskosten in der Regel höher und der Wohnungsmarkt kann angespannt sein. Dafür gibt es vielleicht mehr Nebenjobs. In einer Großstadt spielt die Universität keine besonders große Rolle im Stadtleben. Dagegen haben Kleinstädte, die seit Jahrzehnten mit und von ihrer Universität leben, ihre Studenten im Blick – zum Beispiel mit Studentenermäßigung in Cafés, Restaurants, Geschäften und Fitness Clubs. An einer kleinen Fakultät lernen sich Studenten schneller kennen, alles

---

1   Über die Studentenzahlen an der jeweiligen Universität und an deren rechtswissenschaftlicher Fakultät kann man sich anhand der Statistiken informieren, die die meisten Unis (als Jahresbericht oder als Studierendenstatistik bezeichnet) online vorhalten.

ist übersichtlicher, die Kurse haben weniger Teilnehmer und man
fühlt sich schneller im Studium angekommen. Manche empfinden
in einer kleinen Stadt mehr Lebensqualität, andere lieben die Groß-
stadtatmosphäre. An einer größeren Universität fallen Sie nicht auf –
das kommt manchen entgegen. Kehrseite ist, dass Sie auch nicht
beachtet werden – das kann frustrierend sein. Wer beachtet werden
will und mit dem Sprechen vor großen Gruppen keine Probleme hat,
wird auch an einer großen Universität bald bekannt sein. Aber es
gibt umgekehrt Studenten, die im ganzen Studium kein persönliches
Wort mit einem Professor gesprochen haben. Nicht zwingend, aber
häufig korreliert klein und groß auch mit dem Betreuungsverhältnis.
Das meint, wie viele Professoren für wie viele Studenten am Fachbereich zuständig sind. Das Betreuungsverhältnis (Professoren : Studenten) an staatlichen Universitäten liegt zwischen etwa 1 Professor :
50 Studenten und 1 Professor : 150 Studenten. Eine individuellere
Betreuung erleichtert das Studieren fast immer.

g) In der Heimatstadt bleiben oder nicht?
Möchten Sie im Studium zu Hause wohnen (bleiben)? In großen
Städten und in Zeiten hoher Mieten spricht einiges dafür. Allerdings können wir Ihnen aus eigener Erfahrung sagen, dass ein richtiges Studentenleben eigentlich nur stattfindet, wenn man seine
Heimatstadt verlässt. Der Horizont ändert sich sofort, wenn man
in eine andere Stadt zieht. Nicht umsonst heißt es in der beruflichen Ausbildung „Lehrjahre sind Wanderjahre", und der Wechsel
in eine andere Umgebung führt zu anderen Sichtweisen, Einbli-
cken und Erkenntnissen, neuen Freunden. Viele Studienfreunde
begleiten einen ein Leben lang. In der Heimatstadt ist man weniger
offen für neue Freunde, weil die „alten" Freunde ja auch noch da
sind. Wenn Sie wegen einer parallelen Berufstätigkeit oder aus
familiären oder gesundheitlichen Gründen an ihre Heimatstadt
oder auch ihr Zuhause gebunden sind, bietet die FernUniversität
Hagen den einzigen Fernstudiengang Rechtswissenschaften in
Deutschland an, über den die Erste Prüfung abgelegt werden kann.

h) Eher verschult oder eher Freiraum im Grundstudium?
Ein anderer, sehr wichtiger Aspekt ist, dass zwar alle Studiengänge
zur Ersten Prüfung führen, aber der Weg dorthin von Universität
zu Universität sehr unterschiedlich gestaltet sein kann. Hiervon
hat man vor dem Studium eigentlich keine Ahnung – und des-

halb möchten wir Ihnen hier besonders deutlich sagen: Es gibt
Fakultäten, an denen Sie im Grundstudium sehr gefordert werden
und in den unteren Semestern viele Klausuren schreiben müssen – und andere, die sehr wenige Prüfungsleistungen (häufig als
„Leistungsnachweis" bezeichnet) verlangen. Beides hat wieder
Vor- und Nachteile. Sind viele Klausuren am Ende eines Semesters
zu schreiben, verfallen Studenten in stumpfes Auswendiglernen
mit der Folge, dass Weniges sehr schnell gelernt und Vieles wieder
sehr schnell vergessen wird. Sind keine oder nur wenige Klausuren
zu schreiben, muss für diese Klausuren meist etwas mehr gelernt
werden (aber auch das geht noch im Wege der Bulimie). Diese
Klausuren sind meist etwas anspruchsvoller und führen möglicherweise zu nicht so guten Noten. Dies verunsichert am Anfang, und
da man nur wenige Klausuren schreibt, hat man auch nicht gleich
ein positives Erlebnis. Bei wenigen Klausuren werden manche Ge-
biete einfach deswegen nicht gelernt, weil keine Klausur folgt und
kein Lerndruck da ist. Sie sollten sich daher fragen, was Ihnen mehr
entgegenkommt. Wenn Sie von Anfang an mehr gefordert werden
wollen und Druck von außen in Form von regelmäßigen und vielen
Prüfungen „brauchen", empfehlen wir, sich den Studienablauf und
die Anzahl der Prüfungen bis zur Zwischenprüfung genau anzusehen. Sie finden hierzu auf den Webseiten der Fakultäten in der Regel
unter den Schlagworten „Leistungsnachweise", „Grundstudium",
„Zwischenprüfung", „Studienanfänger" oder „Erstsemester" weitere Hinweise.

i) Stark am Studienbeginn?

Es gibt Universitäten, die in den letzten Jahren einen besonderen
Schwerpunkt auf den Studienbeginn gelegt haben. Sie verfolgen
das Ziel, den Studenten den Einstieg zu erleichtern. Dies sieht
man schon daran, dass diese Universitäten innerhalb des Grundstudiums noch einmal besonders von Orientierungsphase oder
Einstiegsphase sprechen. Es wurde darüber nachgedacht, welche
Maßnahmen Studenten am Beginn des Studiums besonders helfen könnten, und es wurden Projekte zur Verbesserung der Stu-
dieneingangsphase entwickelt. Hierzu gehören zum Beispiel die
Universitäten in Hamburg, Bochum, Erlangen-Nürnberg, Regensburg. Hier gibt es oft Zusatzkurse zu Beginn des Studiums, die sich
mit den Arbeitstechniken und dem Klausurentraining besonders
beschäftigen, wie zum Beispiel Klausurenschreibtrainings, Klausu-

renkliniken, Klausurenwerkstätten (Augsburg, Nürnberg-Erlangen) und Klausurenambulanzen (Regensburg).

j) Stark am Studienende?

Am Ende steht die Erste Prüfung, wie Sie inzwischen wissen. Bis vor 15 Jahren wurde die Vorbereitung auf die Staatsprüfung zu über 90% nicht von den Universitäten, sondern von den privaten Repetitorien erbracht. Gut durchdachte, umfassende Angebote zur Examensvorbereitung – auch über die Semesterferien hinweg –, bei denen sich die Dozenten intensiv abgesprochen hatten, wer was wann lehrt, waren an den Universitäten die Seltenheit.

Eine weitere gute Nachricht für Sie: Das hat sich in den letzten Jahren erheblich gewandelt. Niemand muss in den 2020er Jahren auf ein Jurastudium verzichten, weil er sich am Ende des Studiums den privaten Repetitor nicht leisten kann. Es gibt inzwischen überall ein Uni-Repetitorium, wenngleich auch ganz unterschiedlich gestaltet und hilfreich und gut. Ganz besonders hervorzuheben ist die Universität Passau. Warum? Weil sich dort seit über zehn Jahren drei Professoren nahezu ausschließlich der Examensvorbereitung und ihrer dauernden Optimierung widmen – dies ist einzigartig in Deutschland. Nicht wenige Studenten entscheiden sich genau deswegen für ein Jurastudium in Passau. Weitere schon lange bewährte und besonders gut konzipierte Uni-Repetitorien werden unter anderem von den Universitäten Heidelberg, Köln und Münster angeboten.

k) Bedeutung und Wertschätzung der Lehre in der Fakultät?

Gute Lehre kann das Studieren erleichtern. Natürlich möchte jede Fakultät gute Lehre bieten, aber dennoch gibt es Unterschiede. Allerdings könnte man daran zweifeln, ob man dies in einem Ratgeber für zukünftige Studenten wirklich ansprechen sollte. Wir haben uns dafür entschieden. Denn es gibt einige Fakultäten, da kommt das Wort „Lehre" auf der Webseite gar nicht vor. Das sollte vielleicht zu denken geben. Je mehr die gesamte Fakultät und nicht nur einzelne Lehrende mit besonders guten Projekten dafür werben, Ihnen eine möglichst gute Lehre zu bieten, desto schneller und besser werden Sie in die Materie einsteigen können und Erfolge erzielen. Universitäten, die sich hier in den letzten Jahren besonders hervorgetan haben, sind unter anderem Hamburg (Zentrum für rechtswissenschaftliche Fachdidaktik), Köln (Kompetenzzentrum für juristisches Lernen und Lehren), Bochum, Frankfurt/Main oder Heidelberg. Lesen Sie die Webseiten der Fakultäten genau. Was wird über die Lehre gesagt? Wie oft werden Sie mit Ihren möglichen künftigen „Sorgen" als Student in den Blick genommen? Gibt es konkrete Ansprechpartner wie etwa Professoren als Mentoren (oder fortgeschrittene Studenten als Tutoren)? Als zukünftiger Student fühlen Sie sich sicher von einem Text wie diesem angesprochen: *„Herzlich willkommen bei der Serviceeinheit ‚Lehre und Studienberatung'. Als zentrale Service- und Beratungseinrichtung des Fachbereichs Rechtswissenschaft der Friedrich-Alexander-Universität Erlangen-Nürnberg verstehen wir uns als Ihre Ansprechpartner bei allen Fragen rund um das juristische Studium!"* (t1p.de/dwuvs)

l) Welche Zusatzangebote gibt es?
Auslandsaufenthalte und Doppelabschlüsse? Alle deutschen Universitäten haben Partnerschaften mit bestimmten Auslandsuniversitäten, sei es im europäischen Raum (ERASMUS-Programme) oder auf der ganzen Welt. Wenn Sie schon wissen, wohin es Sie zieht, kann auch dieser Wunsch die Wahl des Studienortes beeinflussen. Sind Sie zweisprachig aufgewachsen oder familiär nicht nur in Deutschland zu Hause? Es gibt die Möglichkeit zu sogenannten Doppelabschlüssen unter anderem an den Universitäten Köln, München und Passau (t1p.de/dwuvs). Das bedeutet, dass Sie am Ende Ihres Studiums neben dem Abschluss des deutschen Jurastudiums einen weiteren juristischen Studienabschluss (wie die französische *Licence en droit* und die *Maîtrise en droit*) in der Tasche haben.

Fachliche Zusatzqualifikationen? An manchen Universitäten können Sie Kenntnisse in ausländischen Rechtsordnungen erwerben. So bietet die Fakultät in Köln begleitend zum Staatsexamensstudiengang eine Zusatzausbildung im Bereich des Rechts der Vereinigten Staaten von Amerika an.

Interdisziplinäre Studienangebote? Manche Fakultäten bieten in Kooperation mit anderen Fakultäten der Universität ergänzende interdisziplinäre Studienprogramme an wie etwa „Rhetorik und Recht" an der Universität Tübingen. Nicht selten besteht auch die Möglichkeit, betriebswirtschaftliche Kenntnisse zu vertiefen. So führt eine wirtschaftswissenschaftliche Zusatzausbildung an der Universität Bayreuth zum Abschluss „Wirtschaftsjurist (Univ. Bay-

reuth)". Zukünftig werden im Zuge der Digitalisierung auch interdisziplinäre Zusatzstudien im Bereich der Informatik eine Rolle
spielen. So wird zum Beispiel an der Universität Regensburg der
Zusatzabschluss *LL.B. Digital Law*, an der Universität Passau der
LL.M. Legal Tech angeboten.

Förderung von Schlüsselkompetenzen? *Soft skills* werden in Zukunft eine sehr viel höhere Bedeutung als heute haben. Das Spek-
trum der Angebote zum Ausbau von persönlichen und sozialen
Kompetenzen ist sehr breit und differiert erheblich von Universität
zu Universität. Vieles hängt davon ab, ob es eine zentrale Einrichtung gibt (wie etwas das *Zentrum für Karriere und Kompetenzen*
ZKK an der Universität Passau), die Studenten aller Fachrichtungen offensteht.

13. Das Wichtigste aus diesem Kapitel und welche Kapitel hierzu passen

– Mit dem in der Schule praktizierten Lernverhalten kommt man
  im Jurastudium nicht weit (dazu Kapitel 11 und 12). Sie müssen möglichst früh herausfinden, wie Sie Jura effektiv, effizient
  und auf die für Sie passende Weise lernen können (dazu Kapitel 7).
– Sobald Sie im Studium erkennen, dass vieles aufeinander aufbaut oder systematische Ähnlichkeiten bestehen, verliert die
  Stoffmenge ihren Schrecken.
– Auch in höheren Semestern haben nicht alle Studenten ein
  solides Basiswissen in allen Fächern. Viele stellen erst am Beginn der Examensvorbereitungsphase fest, was Sie alles noch
  nicht wissen oder schon wieder vergessen haben. Studieren
  heißt daher, nachhaltig zu lernen (dazu Kapitel 7).
– Auch umfangreiches Wissen ist nahezu wertlos, wenn es in
  den Prüfungen (und später im Beruf) methodisch nicht richtig angewendet werden kann. Für das Training der Anwendung des Wissens in der Falllösung nehmen sich viele Studenten viel zu wenig Zeit. Wichtig ist, neben dem Erwerb des
  Fachwissens die juristische Denkweise intensiv durch aktive
  Übung und Anwendung des Gelernten zu trainieren (dazu Kapitel 7 und 8).

– Viele Faktoren können die Auswahl Ihres Studienorts beeinflussen. Es lohnt sich, die notwendigen Informationen zu sammeln und dann darüber nachzudenken, welche Aspekte für Sie besonders bedeutsam sind.

Ein Studium wird aber nicht nur von Fakten bestimmt, auch die Atmosphäre – und damit „Atmosphärisches" – kann eine große Rolle spielen, wie jetzt zu behandeln sein wird.

KAPITEL 6:

Atmosphärisches

oder: Was das Studium mit Ihnen anstellen könnte

Das Kapitel befasst sich mit einigen Eigenheiten des Jurastudiums, die in keiner Studienordnung nachzulesen sind. Man kann diese atmosphärischen Dinge schwerlich messen, schon gar nicht mit naturwissenschaftlicher Genauigkeit. Merkwürdigerweise machen aber doch die meisten Studenten dieselben Erfahrungen; manche stören sich mehr an solchen ungreifbaren Zuständen, andere weniger. Wer dafür empfindlich ist, wird hier ein wenig vorbereitet oder wenigstens gewarnt. Der Text schlägt dann einen Bogen von der spezifischen Atmosphäre eines juristischen Fachbereichs zu den Wirkungen, die das Studium auf mittlere Sicht auf Sie hat oder haben kann. Man verlässt die Universität nach fünf Jahren als ein anderer; aber wie sieht der eigentlich aus, der andere?

1. Jura ist ellenbogenlastig

Auch wenn man es kaum objektivieren und beweisen kann: Es herrscht eine wettbewerbsintensive Atmosphäre im Fach Jura. Über Kurz oder Lang spielen Noten eine wichtige Rolle, und man kommt immer wieder in Versuchung, sich mit anderen zu vergleichen, auch mit Freunden, denen man gute Noten wünscht und gönnt.

Wer Spaß hat am Um-die-Wette-Laufen, wird damit kaum Schwierigkeiten haben, selbst an den Tagen, an denen er nicht zu den Gewinnern gehört. Wenn es gut geht, bringt Konkurrenz den Menschen dazu, sich anzustrengen, gelegentlich die eigenen Grenzen auszutesten oder auszuweiten und überhaupt immer wieder mal zu sehen, was zu schaffen ist und was nicht. Es gibt aber Kehrseiten. Manche Menschen kommen mit Wettbewerbsdruck nicht gut zurecht, am wenigsten dann, wenn sie sich dauerhaft als Verlierer fühlen, teils aber auch dann, wenn sie im Vergleich gar nicht schlecht abschneiden. Druck ist eben Druck, und nicht jeder wird unter Druck zum Diamanten.

Darüber kann man hinweggehen, indem man sich eine „Nur die Harten komm' in'nen Garten"-Haltung zulegt (oder sie von Anfang an hat). Einmal flugs in Drachenblut gebadet – und schon ist es gut. Diese Haltung kann sich rächen. Wenn etwas schiefgeht in Sachen Bestleistung, schlimmstenfalls im alles entscheidenden zweiten Anlauf zur Staatsprüfung, geraten Selbstbild und Selbstachtung ins Wanken – und dies darf nie passieren!

Zudem gilt: Das oft geäußerte Gefühl, das Jurastudium leide unter schlimmem Konkurrenzdruck, ist ein selbstgemachtes Leiden. Einen Wettbewerb um Noten gibt es im Jurastudium nicht: Es existieren keine festen (oder auch nur ungefähren) Vorgaben dazu, welche Note welchen Anteil an den abgegebenen Arbeiten ausmachen soll, weder bezogen auf die Nichtbestehensquote noch auf die Spitzennoten. Insofern nimmt niemand mit guten Leistungen jemand anderem etwas weg. Betrachtet man einzelne Prüfungen, fallen diese mal besser und (subjektiv empfunden leider oft) mal schlechter aus. Insgesamt ist das Niveau aber auf niedrigen Notenstufen relativ stabil. Es wird immer einige „Beste" geben, und es gibt praktisch immer eine mehr oder weniger erhebliche Nichtbestehensquote. Aber es gibt in keiner Richtung einen Verdrängungswettbewerb. Und ehrlich gesagt interessieren die Bewertungen der Studienleistungen später ohnehin fast niemanden mehr. – Das muss man mal in aller Klarheit sagen!

Es gibt schon deswegen keinen Grund, anderen etwas zu missgönnen oder gar Informationen oder Quellen vorzuenthalten. Richtig ist zwar, dass die Klage über weniger soziales Verhalten gerade von Jurastudenten in Bibliotheken eine lange Tradition hat: Bücher werden versteckt, Zeitschriftenseiten mit wichtigen Urteilen oder Aufsätzen werden ausgerissen oder geschwärzt, Teile von Loseblattwerken ausgeheftet etc. (auch wenn das absolute Ausnahmen sind und sich fast alle respektvoll benehmen, fällt das Verhalten dieser Wenigen doch besonders störend auf). Dabei kann man die nötigen Seiten aus einem Buch auch schnell mit dem Smartphone scannen. Wer Onlinezugänge effektiv nutzt, muss ohnehin nur noch für Teile der Materialien physisch in die Bibliothek.

Vor allem aber hilft es in keiner Weise, wenn man versucht, anderen das Leben schwerer zu machen, als es ohnehin ist. Man gewinnt dabei nichts außer der Missgunst der anderen. Geht man dagegen offen miteinander um, teilt man Wissen und Informationen, profitieren alle davon. Wir können von sehr solidarischen und rücksichtsvollen Seilschaften berichten.

Das Ziel ist für alle, sich auf das geforderte Wissens- und Könnensniveau zu bringen und dann die Prüfungen bestehen zu können. Unterstützt man sich gegenseitig, fällt das leichter. Nochmals: Einen Grund für einen ungesunden Wettbewerb oder gar einen „Konkurrenzkampf" gibt es im Lehr- und Prüfungssystem nicht. Lassen Sie sich auf das Wettbewerbsgehabe einiger Mitstudenten nicht ein. Wer sich in dieser Hinsicht produzieren will, mag dies tun, ohne dass man das zu seinem Problem machen müsste.

Juristen sind einigermaßen anfällig für die Verwechslung von „Ich habe eine gute Note bekommen" mit „Ich habe eine gute Leistung erbracht" und die noch gefährlichere Verwechslung von „Ich bin fachlich gut" mit „Ich bin ein anständiger/liebenswerter/guter Mensch" sowie – am gefährlichsten – deren Umkehrungen. Vermutlich liegt das daran, dass sie überhaupt recht notenfixiert sind, wie wir jetzt sehen.

2. Juristen sind notenfixiert

Eng mit dem soeben Gesagten verwandt ist besagte – nicht immer gesunde – Notenfixiertheit vieler Juristen. Die hat ihre Ursache wahrscheinlich im Wesentlichen in der Einstellungspraxis des Staates im richterlichen und staatsanwaltschaftlichen Dienst. Ganz ähnlich gehen die als attraktiv empfundenen Arbeitgeber vor (das sind nicht zuletzt die großen Anwaltskanzleien wegen der hohen Einstiegsgehälter und die öffentliche Verwaltung wegen der hohen Arbeitsplatzsicherheit und der Familienfreundlichkeit). Sie alle schöpfen den Bewerberpool „von oben" ab, suchen also zunächst unter den Kandidaten mit den besten Noten die jeweils geeignet Erscheinenden aus. Das kann man für Unsinn halten (und vielleicht ist es das in einem von Glück und Willkür nicht freien Prüfungssystem auch), aber nur schwer ändern. Also muss man es einstweilen hinnehmen (es scheint sich so gut zu bewähren, dass es sich über die Zeit kaum ändert).

Glücklich ist, wer von Anfang an weiß, dass er eine eigene Anwaltskanzlei eröffnen oder definitiv in die elterliche eintreten
wird und daher die Prüfungen nur bestehen muss. Die anderen
98% müssen einen gewissen Notenehrgeiz entwickeln. Das bedeutet: Möglichst gute Noten zu erreichen zu versuchen und eine
gesunde Haltung gegenüber nicht so guten Noten zu entwickeln.[1]
Und man sollte sich gegen die Versuchung rüsten, zu denken,
dass der Mensch gegenüber anderen den Wert seiner Noten habe.

Kurz zum **Notenniveau**: Das Notenniveau ist – traditionell und veränderungsresistent – erbärmlich. In der Leistungsabstufung passt
es zwar einigermaßen aussagekräftig, aber man fängt sich halt
ständig ein *ausreichend* oder ein *befriedigend*, selbst wenn man in
der Schule immer *sehr gut* war.[2] Und gelegentlich fällt man durch.
Komisches Gefühl, zumal im Vergleich mit anderen Fächern. Das
wird sich nicht ändern. Drachenblut again. Der Arbeitsmarkt für
Juristen weiß das und preist es mit ein. Aber wer mit den Kumpels
zusammensitzt und vom Studium erzählt, hat Erklärungsbedarf;
ähnlich ist das mit den Eltern am Sonntagnachmittag beim Kaffee – wer unterstützt schon gern ein Studium, dessen triumphale
Erfolgserlebnisse sich erschöpfen in „Ich habe jetzt das *ausreichend*
hinter mir gelassen"?

---

1   Viele Studenten nehmen den Notendruck als Belastung wahr, die sich
    einigermaßen negativ auf die Zufriedenheit mit dem eigenen Studium
    auswirkt; mehr bei *Bundesverband rechtswissenschaftlicher Fachschaften* Abschlussbericht zur zweiten Umfrage zum psychischen Druck, 2022 = t1p.
    de/6wnvo.
2   Das ist ziemlich gewöhnungsbedürftig. Ein kleiner Vorzug der strengen
    Noten besteht darin, dass sich auch die selbstbewusstesten Kandidaten
    in Demut üben (müssen). Sogar wer mit großem Zeitaufwand und weit
    überdurchschnittlichem Fleiß und Ehrgeiz und fachlichem Vorwissen und
    Herzblut eine Seminararbeit verfasst, hat das „sehr gut" nicht in der Tasche.
    Man verabschiedet sich daher vom Perfektionismus und macht sich mit
    dem Gedanken vertraut, dass selbst an einer richtig guten Leistung immer
    noch ein paar kritikwürdige Teile bleiben. Immerhin ist das dann eine Kritik,
    die den Kritisierten als Kollegen auf Augenhöhe ernst nimmt. Und darin
    liegt ja wieder ein wenig Trost.

Kurz zum **Prädikatsexamen**: Die oft zitierte Prädikatsnote ist eine Erfindung des Arbeitsmarkts; im Gesetz findet man sie nicht erwähnt. Nach überwiegendem Sprachgebrauch versteht man darunter die Notenstufen „Sehr gut", „gut" und „vollbefriedigend", die – mit leichten Schwankungen über die Zeit – zwischen 10 % und 20 % der Kandidaten erreichen. In einigen Bundesländern weisen die Justizprüfungsämter einfach alle Noten als Prädikat aus, die über dem „ausreichend" liegen. Schwupps! werden die Hälfte der examinierten Juristen zu Prädikatsjuristen. So stimmt die Quote wieder.[3]

Am anderen Ende der Notenskala liegt das „**nicht bestanden**". Das betrifft über ein Viertel der Kandidaten im ersten Staatsexamen. Nach dem zweiten Versuch beträgt die Quote indessen nur noch etwa 5 %. (Allerdings ist ein Teil der Kandidaten so abgeschreckt oder verzweifelt, dass sie den zweiten Versuch nicht antreten.)

3. Juristen sind Einzelkämpfer

Natürlich nicht immer und nicht alle. Aber doch recht oft und ziemlich viele. Wir diskutieren den Gedanken näher in Kapitel 11, wo Sie auch gleich ein paar Vorschläge zur Abhilfe finden.

4. Juristen sind monothematisch

Juristen reden hauptsächlich über Juristisches, weil sie hauptsächlich Jura studieren.

Nebenfächer sind in den meisten Studienordnungen nicht vorgesehen. Weil Studenten das Studium bereits als fordernd empfinden, werden Nebenfächer oft nicht belegt. Und weil sich Jura in Ihrem Leben so breitmacht, ist es faktisch nebenfachfeindlich. Dagegen kann man sich stemmen, wird dazu aber kaum ermutigt. Ähnlich ist es mit der Möglichkeit eines Auslandssemesters: Heute gar nicht mehr so aufwändig, aber enorm ertragreich. In

---

3   Die amtlichen Statistiken für die letzten 20 Jahre finden Sie unter t1p.de/cj86.

einem solchen könnte man an der Universität eine neue Sprache lernen oder ein paar Kurse in Wirtschaftswissenschaften oder Politikwissenschaften oder in neuerer Geschichte belegen, und dies ganz freiwillig. Die juristischen Anschlussmöglichkeiten und Schnittmengen liegen auf der Hand.

Zugleich bietet ein solcher Mehraufwand auch Chancen zur Profilbildung. Manche Zusatzkenntnisse sind unmittelbar beruflich von Nutzen (Wäre es beispielsweise gut, wenn Sie eine Unternehmensbilanz lesen oder gar schreiben könnten?). Andere zeigen nur – aber auch immerhin –, dass Sie zu den Leuten gehören, die gern über den Tellerrand blicken.

Außerdem ist der Vorwurf der Monothematizität ein bisschen ungerecht, in zweierlei Hinsicht. Klar sind Juristen kurz vor dem Examen am Ende einer intensiven Vorbereitungszeit nicht mehr gesellschaftsfähig: die Bärte ungepflegt, Ringe unter den Augen, gezeichnet von Koffeinmissbrauch und kaum noch ansprechbar auf andere Fragen als die nach der unberechtigten Geschäftsführung ohne Auftrag. Aber jenseits dieser zeitlich eng begrenzten Phase sind sie oft eben auch vielfältig kulturell interessiert, tagespolitisch gut orientiert, historisch gebildet und thematisch in viele Richtungen anschlussfähig. Also alles halb so schlimm auf lange Sicht.

Zudem treffen Sie etliche Studienkollegen, die überhaupt nicht in Gefahr geraten, monothematisch zu werden, weil sie sich im Grunde gar nicht für ihr Studienfach interessieren. Sie werden überrascht sein, wie groß der Anteil der äußerst pragmatischen Studenten ist. Das sind die Leute, denen es egal ist, wie die richtige oder gerechte oder derzeit favorisierte „Lösung" für ein Rechtsproblem aussieht, solange sie nur eine klausurpräsentable „Lösung" parat haben, die nicht im offenen Widerspruch zur Rechtsprechung des Bundesgerichtshofs steht. Wer selbst studiert, weil er ständig auf der Suche nach dem gerechten Ergebnis ist, wird solche Gesellschaft als irritierend empfinden. Seien Sie nicht zu streng – man kann auch von den desinteressierten Pragmatikern etwas lernen.

5. Juristen sind rechthaberisch

Wo es immer wieder darum geht, Standpunkte zu beziehen und diese dauerhaft durchzusetzen, lernt man zwar zu argumentieren und zu überzeugen. Eine Nebenwirkung besteht aber in dem kleinlichen Triumph, Recht gehabt und es mal wieder von vornherein gewusst zu haben. Je öfter man diesen Triumph genießt, desto größer wird die Gefahr, zum Rechthaber (also einem rechten Unsympathen) zu werden. Und plötzlich fällt es Ihnen schwer, Standpunkte auch wieder zu räumen, obwohl es dafür höchste Zeit ist (die Entwicklung hin zur Rechthaberei ist keineswegs zwangsläufig; manche Menschen werden über das Studium hinweg immer demütiger, nachdenklicher, sensibler für die grauen Zwischentöne zwischen Schwarz und Weiß).

Verwandt damit ist die Besserwisserei. Menschen (Juristen zumal), die sich im Recht glauben, unterliegen leicht dem Irrtum, dass damit der Konflikt gelöst sei. Mancher Konflikt entwickelt sich aber nicht oder nur zum kleinen Teil nach den Regeln des Rechts. Als Jurist verliert man manchmal aus dem Blick, dass ein gewonnener Streit zum echten Pyrrhus-Sieg werden kann, wenn gleichzeitig die geschäftliche oder emotionale Beziehung der Beteiligten schwer gestört oder gar ruiniert wird.

Diese Gefahr wird nicht eben kleiner dadurch, dass im Studium nur simulierte Konflikte auf einem Blatt Papier stehen, während das Leben außerhalb des Hörsaals meist (nicht immer) durch diese zusätzlichen Komponenten geprägt ist. Das kann den Blick folgenschwer verengen. In der Praxis muss man dann wieder lernen, was es emotional für alle Beteiligten heißen kann, vor Gericht zu gewinnen oder zu verlieren.

Der Ton ist bisweilen rau, gelegentlich durchaus verletzend. Das beste Beispiel dafür sind Klausurkorrekturen. Manchmal faltet der aufgabenstellende Professor bei der Klausurrückgabe und deren Besprechung kollektiv den gesamten Teilnehmerkreis zusammen (verständlich vielleicht, weil er sich mehr erhofft hatte und letztendlich auch lieber gute Noten geben würde als schlechte, aber eben nicht nach allen Regeln bürgerlicher Höflichkeit). Wer darüber hinwegsieht, wird sich aber trotzdem an den Korrekturbemerkungen am Rand der Klausur und dem Votum am Ende stören. Einige Korrektoren sind vorbildlich, andere aber gar nicht. Da stehen schon mal in kritzeliger Schrift geheimnisvoll abgekürzte Standardanmerkungen, gelegentlich ein nichtssagendes *nein* oder *falsch*, gern mal mit drei Ausrufezeichen. Eine Korrekturbemerkung wie *„Anders aber das Gesetz in § xy"* mag in der Sache ganz zutreffend sein, weil sie anderthalb Seiten unnötiger Erörterungen des Prüflings für überflüssig erklärt – aber nicht jeder, der so kritisiert wird, kann darüber lachen; mancher fühlt sich abgewatscht oder nicht ernst genommen mit seiner brillanten Argumentation. Wenn das mit einer schlechten Note oder einem *Nicht bestanden* zusammenkommt – was am Anfang des Studiums halbwegs normal ist –, kann das die Laune des so Bewerteten ganz schön runterziehen. Es sitzt nicht der Professor mit drei Studenten zusammen und erklärt ihnen drei Stunden lang, was schlecht gelaufen ist, was gut gelaufen ist und was dringend anders (nämlich besser) gemacht werden müsse. Sondern der Korrektor fertigt Sie im beschriebenen Ton ab. Das nervt. Gott sei Dank ist das nicht immer so, aber so etwas prägt den Ton. Wenn es sich um eine sorgfältig vorbereitete Hausarbeit handelt, für die Sie drei Wochen lang gefühlt ununterbrochen Blut, Schweiß und Tränen vergossen haben, nehmen Sie schlechte Noten und harte Kritik leicht (zu) persönlich. Sollte man nicht, passiert aber trotzdem.

Vertretbar, nicht vertretbar und *so nicht vertretbar* sind für den Klausurverfasser oft schwer verständlich – *abwegig* ist schon halbwegs verletzend, und *fernliegend* will man auch nicht dreimal hintereinander lesen. Manches von dem merkwürdigen Ton mag daran liegen, dass die Korrektoren schlecht bezahlt werden und sich daher – wirtschaftlich verständlich – in ihrer Kritik und ihrem Lob kurz fassen oder auf Textbausteine beschränken, die nicht alle gleich gut passen und nicht immer menschenfreundlich formuliert sind.

Kleiner Schlenker zum Thema „richtig" und „falsch" im Recht, in der Rechtswissenschaft und im Studium des Rechts: Oft – fast schon besorgniserregend oft – wird Anfängern gesagt, es komme nicht auf das Ergebnis an, sondern auf die Begründung. So gesehen gebe es auch kein „richtig" und kein „falsch". Der erfreuliche Effekt ist, dass schon Anfängern die Wichtigkeit guter Argumentationen, Herleitungen und Begründungen deutlich wird. Ein heikler Nebeneffekt besteht darin, dass die Aussage ausblendet, an wie vielen Stellen eben doch ein klarer Konsens über „richtig" und „falsch" herrscht. An den meisten eigentlich. Auf saubere Argumentation kommt es nämlich nur an den Punkten an, an denen Streit herrscht. Davon hat die in den Streit verliebte Rechtswissenschaft zwar viele. Aber schon in einer Übungsarbeit kommen auf zwei vom Prüfer absichtlich eingebaute streitige Fragen 20 unstrittige (die meist deswegen unstrittig sind, weil das Gesetz eben doch viele klare Aussagen enthält).

Schon im Referendariat rücken die Streitfragen vom Mittelpunkt der Aufmerksamkeit an deren Rand. Viele reale Rechtsstreitigkeiten drehen sich um unerweisliche Tatsachen; sie bieten aber kein Potenzial, eine in den Lehr- und Handbüchern diskutierte rechtsdogmatische Streitfrage endlich einmal bis zum BGH hochzuprozessieren. Zugleich wird auch der Umgang mit umstrittenen Rechtsproblemen merklich pragmatischer, weil sich im Rechts- und Beratungsalltag vieles an der jeweils herrschenden Meinung orientiert. Das wirkt zwar wenig wissenschaftlich, vermeidet aber unnötige Überstunden und Haftungsansprüche wegen Fehlberatung.

Weil es also letztendlich ganz oft eben doch „richtig" und „falsch" gibt, wird Studenten in Prüfungen ständig „richtig" und „falsch" entgegengeschleudert. Das geschieht zwar mit gutem Grund, aber es kann eben auch das Selbstbewusstsein gründlich untergraben. Da muss man wohl durch. In der Kombination ist das nicht jedermanns Sache: Wenig persönliche Ansprache, wenig Ermutigung, tendenziell schlechte Noten trotz solider Anstrengung, die wenige individuelle Rückmeldung oft recht streng. Eine richtige Wohlfühlatmosphäre ist das nicht.

6. Jura ist wie eine Badewanne – Küchenpsychologisches

Ein Jurastudium ist wie eine Badewanne. Man verlässt es nicht als derselbe, als der man hineingestiegen ist. (Gott sei Dank!) Der Duft des Badezusatzes haftet uns noch eine Weile an, ob wir wollen oder nicht. Vielleicht verlassen wir die Wanne sogar als in der Wolle gefärbte Juristen. Und manchmal sagen die anderen über den der Wanne Entstiegenen auch, er sei wohl zu heiß gebadet worden. Es gibt schönere Komplimente.

Was wird also das Jurastudium voraussichtlich mit Ihnen anstellen? Jeder Jeck is anners. Nicht alles gilt für alle gleichermaßen. Das Folgende ist nicht erfahrungswissenschaftlich gemessen, dokumentiert und abgesichert. Aber seltsamerweise steckt in den über Juristen gern verbreiteten Allgemeinplätzen doch ein wenig Wahrheit. Selbst wenn Sie das Studium gar nicht bis zu Ende führen, werden Sie einige der hier beschriebenen Wirkungen feststellen können.

a) Ob der Jurist ein **Besserwisser** ist, weil von vornherein hauptsächlich Besserwissertypen dieses Studium wählen, oder weil gesellschaftlich von ihm erwartet wird, ein Besserwisser zu sein, ist nicht das Gleiche. Aber die Wahrscheinlichkeit ist hoch, im Studium auf etliche Besserwissertypen zu treffen. Das erzeugt einen ersten Anpassungsdruck. Und vielleicht hat auch das Studium Inhalte und Eigenarten, die Besserwisserei fördern. Man muss das gar nicht als schlimm wahrnehmen. Aber wer Besserwisserei nervig findet, sollte wissen, worauf er sich einlässt.

b) Ob Juristen **Bedenkenträger** schon sind, wenn sie zu studieren beginnen, oder erst durchs Studium dazu werden, kann man ebenso wenig einschätzen. Bedenkenträgerei an sich ist ja nicht so schlimm. Andere nennen es: konservativ. Und das Recht ist konservativ, ähnlich wie die Rechtswissenschaft: Wer etwas verändern will, trägt die Argumentations- und Beweislast dafür, dass es eine Veränderung zum Guten sei. Neue gesellschaftliche Erscheinungen versucht das Recht normalerweise mit den bereits vorhandenen rechtlichen Regeln und Denkfiguren in den Griff zu bekommen; erstaunlich oft gelingt das ganz gut. Und so verankert sich leicht auch im Kopf von Juristen die Haltung: Das Bestehende funktioniert passabel gut und ist jedenfalls rechtmäßig, das Neue begegnet Bedenken (denn sonst wäre es ja schon längst etabliert).

c) Dass Juristen **Korinthenkacker** seien, ist ein beliebtes Klischee. Weil es schon so alt ist, könnte durchaus etwas dran sein. Aber, hey!, irgendwer muss den Job ja machen. Wenn ein 138-seitiger Vertrag nach monatelangen Verhandlungen im Großen und Ganzen den Willen der Parteien wiederzugeben verspricht, nervt es natürlich, wenn die beratenden Juristen auf beiden Seiten (kostenpflichtig!) noch Unstimmigkeiten und Klärungsbedarf, vielleicht sogar

Widersprüchlichkeiten in den Unterabsätzen einiger Absätze der Schlussbestimmungen, also Anpassungsbedarf, anmelden. Aber dafür werden sie bezahlt. Und dass das mühsam entwickelte Geschäftsmodell an europäischen Datenschutzvorgaben zwingend scheitern muss, ist ja auch schon keine banale Kleinigkeit mehr. Anders gesagt: Die Korinthe liegt im Auge des Betrachters.

7. Wo bleibt das Positive?

Es gibt einigen Ertrag des juristischen Studiums, der allgemein positiv bewertet wird. Nicht nur haufenweise Wissen zum materiellen deutschen Recht und ein wenig zum Prozessrecht, sondern hoffentlich auch eine passable Orientierung in den „Grundlagenthemen" Soziologie, Geschichte und Theorie des Rechts, vielleicht auch Rechtsphilosophie.

Einige Fähigkeiten werden Sie entdeckt und entwickelt haben, die auch außerhalb der unmittelbar juristischen Arbeitsfelder nützlich sind und geschätzt werden.

a) Dazu gehört **logisches Denken** (das bedeutet nicht zuletzt: widerspruchsfreies Denken). Und wo rein ableitendes Arbeiten nicht funktioniert, braucht es Argumentation. Auch darin werden Sie besser, weil das Studium das Argumentieren fördert und belohnt. Der viel gehasste Gutachtenstil zwingt Sie ab dem ersten Semester, nicht von vornherein mit Gewissheiten zu arbeiten, sondern mit Möglichkeiten umzugehen – und den Bogen der Möglichkeiten manchmal weiter aufzuspannen, als Sie es im ersten Moment getan hätten. Sie lernen zu recherchieren, vielleicht nicht ganz nach den professionellen Standards von Journalisten, aber doch weit über das hinaus, was Ihnen bisher als ausreichend erschienen ist.

b) Sie werden auch besser im **Problemeerkennen und Problemelösen**. Juristen werden wertgeschätzt nicht nur wegen ihrer Talente im Strukturieren von Prozessen, sondern auch wegen ihrer Fähigkeit, am Ende dann eine Entscheidung zu treffen, selbst wenn noch Unsicherheiten bestehen.

c) Sie entwickeln Ihr Talent, Wichtiges von weniger Wichtigem und von eindeutig Irrelevantem zu trennen (und diese Trennung nötigenfalls auch noch einmal zu revidieren). Große Mengen an Normen einerseits und Fakten andererseits zwingen Sie, **Strukturen herzustellen oder zu erkennen**, rote Fäden durch Ihre eigene Darstellung von Problemen zu ziehen (wir kommen in Kapitel 8 darauf zurück). Gib einem Juristen 129 Informationen zum tatsächlichen Geschehen oder 39 Argumente zu einer streitigen Frage, und er wird sie flugs sortieren in „relevant", „tut nichts zur Sache", „unter Umständen relevant" bzw. in „pro/contra", „starkes/weniger starkes/schwaches Argument" usw. Er wird sie in eine sinnvolle, diskutable Reihenfolge bringen, sie referieren können und selbst einen Entscheidungsvorschlag präsentieren. Dieser wird bestenfalls unmittelbar am geltenden Recht orientiert und um einen neutralen, aber gerechten Interessenausgleich bemüht sein. Das ist für viele – aber nicht alle – Konflikte eine ziemlich nützliche Fähigkeit. Deshalb sind Juristen auch jenseits der Funktion als Richter oft sehr hilfreiche Begleiter bei Konfliktbeilegungen.

8. Vom Licht zurück zum Schatten

Sprechen wir noch einmal kurz über die seltsamen Nebenwirkungen des Studiums.

a) Weil juristisches Denken während des Studiums fast immer auf eine Entscheidung (oder wenigstens einen Entscheidungsvorschlag) hinausläuft, tickt man am Ende im Kopf ziemlich **schwarz/ weiß**, richtig/falsch, 100/0, also sozusagen binär. Wenig grau, eher nicht fuzzy. Entscheidungen offenzuhalten, als vorläufiges Ergebnis festzuhalten *70% der guten Argumente sprechen für ..., aber es gibt auch ein paar sehr starke Gegenargumente* – das muss man dann erst wieder lernen. Und wer als Referendar Urteile zu schreiben beginnt, die idealerweise nicht den leisesten Zweifel an der Richtigkeit ihrer Ergebnisse und Begründungen offenlassen (obwohl sie dann in der nächsten Instanz spurlos aufgehoben werden), geht auf diesem Weg gleich noch ein paar Schritte weiter. Eine gut gelingende juristische Ausbildung würde Absolventen hervorbringen, die zwar für jedes Problem neu auf die Suche nach der „richtigen" Lösung gehen, die aber zugleich wissen, dass es für viele Probleme die richtige Lösung nicht oder nur vorläufig oder nur zeitweilig oder nicht gut verallgemeinerbar gibt.

b) Man kann, wenn man das Studium hinter sich hat, in einer nicht ganz einfachen **Fachsprache** Probleme ziemlich genau auf den Punkt bringen.[4] Das erleichtert die Kommunikation mit den Kollegen. Die Kommunikation mit Nichtjuristen wird dagegen dadurch belastet, dass man aus der Fachsprache nur schwer wieder rauskommt. Teils hat man sich auch – vielleicht ganz ungewollt – einen unnötig geschraubten Ausdruck angewöhnt, der den Rest der Welt an antiquierte Formulare nicht mehr bestehender Behörden eines untergegangenen Staats erinnert.

c) Am Ende ist man immer noch **Generalist**. Man kennt sich passabel gut aus in den drei „großen" Rechtsgebieten Zivilrecht, Öffentliches Recht und Strafrecht. Für wenigstens eines davon hat man ein Talent oder eine Neigung entdeckt. Aber so recht spezialisiert ist man nicht, wenigstens nicht in dem Maß, das einen sofortigen selbständigen Einsatz in den meisten Berufsfeldern erlauben würde. Die Ausbildung zielt nach wie vor auf den Einheitsjuristen, der überall einsetzbar ist.

Die Liste atmosphärischer Besonderheiten mag noch länger sein. Nicht alles, was hier erörtert ist, wird auf Sie individuell zutreffen, im Erfreulichen wie im weniger Erfreulichen. Und natürlich kann man versuchen gegenzusteuern. Aber Sie sollten mit ungefähr die-

---

4 Die meisten Studenten erreichen nicht schon im zweiten Semester die mühelose Eleganz etwa eines Urteils des Bundesverfassungsgerichts – aber im Lauf der Zeit kommt man immer näher ran: *Auf der zutreffenden Sinnermittlung einer Äußerung aufbauend erfordert die Annahme einer Beleidigung nach § 185 StGB, die vorliegend als eine Katalogtat des § 1 III NetzDG aF den Schlüssel zur Gewährung der von der Beschwerdeführerin begehrten Beauskunftung seitens des Betreibers der Social Media Plattform darstellt, grundsätzlich eine abwägende Gewichtung der Beeinträchtigungen, die den betroffenen Rechtsgütern und Interessen, hier also der Meinungsfreiheit und der persönlichen Ehre, drohen ([Belegstellen]).* BVerfG ECLI:DE:BVerfG:2021 :rk20211219.1bvr107320, Rn. 29 = t1p.de/fjx67. Ironie aus. So muss man nicht schreiben und man sollte es auch nicht. Viele Juristen tun es aber...

sen Wirkungen rechnen, wenn Sie sich in die juristische Badewanne setzen. Sagen Sie nicht, man habe Sie nicht gewarnt.

Von diesen Beobachtungen nun wieder zu nützlicher praktischer Lebenshilfe: In der Folge wird es um Lernstrategien und -techniken gehen, denn Lernen muss im Jurastudium neu gelernt werden, auch wenn man es nach all den Schuljahren nicht glauben mag.

KAPITEL 7:
Erfolgreich studieren lernen
oder: Was man über das Lernen und Jura-Lernen wissen sollte

1. Vorab und falls Sie Kapitel 5 noch nicht gelesen haben:

In Kapitel 5 haben wir Ihnen unter anderem gezeigt, um *was* es geht (Inhalte des Studiums) und *wozu* Sie lernen (Ziele). Einige wichtige Erkenntnisse aus Kapitel 5 waren:

- Mit dem in der Schule oft praktizierten Lernverhalten kommt man im Jurastudium nicht weit.
- Die Stoffmenge verliert ihren Schrecken, wenn Sie effektiv und effizient studieren lernen. Dann erkennen Sie, dass vieles aufeinander aufbaut oder systematische Ähnlichkeiten bestehen.
- Auch umfangreiches Wissen ist nahezu wertlos, wenn es in den Prüfungen (und später im Beruf) methodisch nicht richtig angewendet werden kann.
- Wichtig ist daher, neben dem Erwerb des Fachwissens die juristische Denkweise intensiv durch aktive Übung und Anwendung des Gelernten zu trainieren.

2. Jura-Lernen lernen

Jetzt geht es darum, *wie* Sie effektiv und effizient und auf die für Sie passende Weise Jura lernen, kurz, wie Sie das *Jura-Lernen* lernen können.

Beim Lernen im Jurastudium verfolgen Sie folgende Ziele:

a) Sie lernen mit dem Ziel, sich Langzeitwissen anzueignen. Sie wollen den Stoff behalten und am Ende des Studiums (und des Referendariats) immer noch abrufen können. Das war bisher nicht immer so. Einiges mussten Sie zwar während der Schulzeit oder in der Ausbildung für eine Prüfung lernen, aber Sie waren sicher, dass Sie das wenigste davon fürs Abitur oder die Abschlussprüfung würden wissen müssen. Deswegen waren Sie oft nicht gezwungen, nachhaltig zu lernen. Mit Bulimielernen erzielten Sie auch Erfolge.

b) Sie lernen mit dem Ziel, den Lernstoff so zu verstehen, dass Sie
   kritisch damit umgehen können, dass Sie das Gelernte auch in
   Frage stellen können und auf dieser Grundlage dazu eine sachlich fundierte Diskussion führen können. Es gibt im Jurastudium fast nie Noten für die bloße Wiedergabe von Wissen, wie
   es zum Beispiel bei einfachen Multiple-Choice-Tests oder einfachen Frage-Antwort-Klausuren möglich ist.
c) Sie lernen vor allem mit dem Ziel, den Lernstoff bei der Lösung
   von unbekannten Sachverhalten methodisch richtig anzuwenden. Genau das ist nämlich Ihre Aufgabe später in der Praxis.

Diese drei Ziele erfordern ein anderes Lernverhalten als in der
Schule und eine Kombination von vielen unterschiedlichen Lerntätigkeiten. Auf die Frage: „Was hast Du heute Nachmittag gemacht?" antworten viele Studenten „Ich habe gelernt." Was sie damit eigentlich meinen, ist, dass sie eine von vielen Lerntätigkeiten
vorgenommen, also dass sie sich mit Vorschriften und juristischen
Informationen beschäftigt haben. „Etwas wirklich gelernt" hat man
im Jurastudium, wenn man Lernstoff erarbeitet, verstanden, diskutiert, mehrfach wiederholt und unterschiedliche Fälle dazu gelöst
hat, so dass man am Ende in der Lage ist, die Normen auf unbekannte Sachverhalte anzuwenden. Es sind also viele unterschiedliche Lerntätigkeiten erforderlich, um sagen zu können, dass man
etwas (prüfungsreif) gelernt hat.

Wenn man erkannt hat, mit welchem Lernverhalten man Jura
richtig lernen kann, macht das Studium großen Spaß. Man erkennt immer mehr Zusammenhänge, kann an schon vorhande-
nes Wissen anknüpfen und entwickelt nach und nach ein allge-
meines Verständnis.

3. Über das *Jura-Lernen* nachdenken

Viele Studenten denken im ersten Studienjahr nicht wirklich darüber nach, wie sie ihr Lernverhalten an die besonderen Anforderungen des Studienfachs Jura anpassen können. Viele glauben, nach
dem Abitur für den Rest ihres Lebens zu wissen, wie sie gut lernen
können. Das Lernen zu lernen habe man nicht mehr nötig. Zudem
hören wir Aussagen wie „Mit Karteikarten lernen, das hat schon in
der Schule nicht geklappt. Ich bin kein Typ dafür.", „Ich kann besser

allein lernen, zusammen mit anderen – das geht gar nicht.", „Wenn ich nur das Wort Mindmap höre, ..." oder „Pläne mache ich lieber erst gar nicht, weil die bei mir sowieso immer schiefgehen."

Viele Studenten verhalten sich so wie der Waldarbeiter in folgender Geschichte:

> *„Ein Spaziergänger geht durch einen Wald und begegnet einem Waldarbeiter, der hastig und mühselig damit beschäftigt ist, einen bereits gefällten Baumstamm in kleinere Teile zu zersägen. Der Spaziergänger tritt näher heran, um zu sehen, warum der Holzfäller sich so abmüht, und sagt dann: Entschuldigen Sie, aber mir ist da etwas aufgefallen: Ihre Säge ist ja total stumpf! Wollen Sie die nicht einmal schärfen? Darauf stöhnt der Waldarbeiter erschöpft auf: Dafür habe ich keine Zeit, ich muss sägen".[1]*

Abraham Lincoln kannte wohl diese Geschichte. Er soll gesagt haben: „Give me six hours to chop down a tree and I will spend the first four sharpening the axe". (Gebt mir sechs Stunden Zeit, einen Baum zu fällen, und ich werde vier Stunden die Axt schleifen). Wenn Sie sich also nicht wie der Waldarbeiter abmühen wollen, wird das Studium einfacher, wenn Sie im Laufe des ersten Studienjahres die Axt schleifen oder die Säge schärfen. Konkret bedeutet das, dass Sie immer wieder über Ihre Lern- und Arbeitsroutinen nachdenken sollten, um Ihre individuellen Lernstrategien zu optimieren. Wissenschaftliche Untersuchungen zum erfolgreichen Lernen belegen: Diejenigen Studenten sind am erfolgreichsten, die ihre Lerngewohnheiten bewusst beobachten, ihr Lernverhalten reflektieren und dann die erforderlichen Verhaltensänderungen vornehmen.

4. Was man über effektives und effizientes Lernen heute wissen sollte: Sieben lernförderliche Faktoren

Unser Gehirn ist kein Computer und kein Kopierer. Wenn man wissen will, wie man Stoff verstehen und langfristig behalten kann, muss man sich lernpsychologische und neurowissenschaftliche

---

1   In dieser Formulierung übernommen aus *Seiwert*, 30 Minuten für optimales Zeitmanagement, 17. Auflage 2011, S. 37.

Erkenntnisse über Lernvorgänge bewusst machen. Denn wichtige Fragen zum Lernen beantwortet heutzutage neben der Pädagogik und Psychologie besonders auch die Gehirnforschung.

Der bekannte Neurowissenschaftler *Manfred Spitzer* hat einmal gesagt, dass wir es uns heutzutage einfach nicht mehr leisten können, die Gehirne der Menschen so zu behandeln, als wüssten wir nichts über deren Funktion. Jedenfalls können sich das Jurastudenten angesichts des juristischen Stoffs und der Staatsprüfung wirklich nicht leisten. Nehmen Sie sich daher vor oder zu Studienbeginn Zeit, um etwas über ihr Lernorgan, das Gehirn, und etwas über Faktoren zu erfahren, die nachweislich Lernen fördern. Tipps zum richtigen Lernen im Studium finden sich tausendfach allein im deutschsprachigen Internet. Dazu gibt es inzwischen unzählige Bücher zum Thema Lernen im Studium. Dieses Kapitel kann keines von ihnen ersetzen. Aber wir möchten kurz sieben Faktoren erwähnen, die das Lernen nachweislich fördern. Davon sind drei Faktoren im Hinblick auf die Anforderungen des Jurastudiums besonders bedeutend. Diese Faktoren haben wir hervorgehoben:

a) Aufmerksamkeit und Konzentration
b) Lernpausen, Entspannung und Schlaf
c) Visualisierung durch bildhafte Darstellung
d) Gute Lernatmosphäre
e) **Struktur und Verknüpfung**
f) **Ergebnissicherung und Wiederholung**
g) **Aktives Lernen mit Verarbeitungstiefe**

Wie Sie diese von der Wissenschaft bewiesenen („evidenzbasierten") lernförderlichen Faktoren umsetzen, ist eine Frage des individuellen Ansatzes. Es geht hier also nicht um 100 Tipps zum besseren Lernen, sondern zunächst darum, dass Sie die Faktoren kennen. Sie sollten im ersten Studienjahr immer wieder überlegen, wie Sie individuell diese Faktoren in Ihrem Lernverhalten umsetzen können. Ihre Lernbiografie ist mit dem Abitur noch nicht zu Ende. Sie werden in Ihrem weiteren Leben noch jahrelang dazulernen. Sicher kennen Sie auch das Schlagwort vom lebenslangen Lernen. Und wenn Sie gerade noch für das Abitur lernen, kann Ihnen die Kenntnis dieser Faktoren auch jetzt schon nützen. Wir versuchen sie in der Folge in aller Einfachheit und Kürze zu beschreiben.

a) Aufmerksamkeit und Konzentration

Wenn wir nach einer Lerntätigkeit etwas wissen, abrufen und anwenden können, haben sich Nervenzellen im Gehirn miteinander verknüpft. Wenn das Lernen misslingt, haben sich entweder Nervenzellen nicht verknüpft, nicht richtig verknüpft oder sie haben sich verknüpft, aber wir können nicht auf das Wissen zugreifen (es nicht abrufen). Bevor jedoch im Gehirn überhaupt etwas passiert, müssen Reize auf unsere Sinnesorgane treffen und die Nervenzellenverknüpfung muss in Gang gesetzt werden. Um juristische Informationen als Sinneseindrücke wahrzunehmen, haben wir als geeignete Sinnesorgane nur die Augen und Ohren (Sie werden kaum mit der Nase juristischen Stoff riechen). Ohne Aufmerksamkeit nehmen Augen und Ohren aber nichts wahr, und Sinneseindrücke erreichen nicht einmal das Kurzzeitgedächtnis.

Beispiel: Der Professor sagt etwas in der Vorlesung, aber das, was gerade neben ihnen geflüstert wird, ist viel interessanter – die Schallwelle des vom Professor Gesagten war im Hörsaal, aber Sie waren nicht aufmerksam, nicht konzentriert, und die Information wurde mangels Aufmerksamkeit von Ihnen gar nicht wahrgenommen. Die Schallwelle ging sozusagen an Ihrem Ohr vorbei. Oder Sie blickten zur Tür, wer jetzt noch verspätet hereinkommt, und schon haben Sie den Inhalt der PowerPoint-Folie nicht gelesen. Sie sitzen zu Hause vor einem Lehrbuch, aber auf dem Smartphone erscheinen ständig neue Nachrichten, die viel spannender als der Lehrstoff sind, vielleicht die Einladung zu einer Party morgen Abend. Was gelangt in Ihr Gedächtnis? Der Lernstoff oder das Datum der Party? Das Gehirn ist aufmerksam für das, was neu und bedeutend ist. Ob etwas bedeutend ist, wird zunächst emotional beurteilt. Motivation für die jeweilige Lerntätigkeit und die innere Haltung zum Lernstoff spielen dabei eine große Rolle. Je motivierter Sie an die Sache herangehen, desto weniger leicht werden Sie sich ablenken lassen. Kurzum: Wenn man für das Lernen irrelevante Informationen nicht konsequent ausblendet und wie nebenbei zu lernen versucht, wird dies nicht gelingen. Multitasking funktioniert beim Lernen einfach nicht.

Aufmerksam und konzentriert zu arbeiten ist eine der großen Herausforderungen unserer Zeit, nicht nur für Studenten, sondern vor allem in der Arbeitswelt. Unterbrechung und Ablenkung sind im

digitalen Zeitalter an der Tagesordnung. Flüchtigkeitsfehler nehmen überall zu. Fragt man Studenten landauf und landab nach der
größten „Gefahr", lautet die Antwort übereinstimmend: das Smartphone mit all seinen Ablenkungsmöglichkeiten. Studenten greifen
daher zu vielen Tricks, um sich vor dieser Ablenkung zu retten:
Smartphone im Schließfach, Übergabe an Familienmitglieder oder
WG-Mitbewohner zur Lernzeit, Smartphone-Tausch mit anderen
Studenten in der Bibliothek, Flugmodus, Apps wie die derzeit sehr
verbreitete *Forest App* und vieles mehr. Man muss aber nicht in
höhere Semester kommen, um solche Maßnahmen zu ergreifen,
sondern kann von Studienbeginn an darüber nachdenken, wie man
Ablenkung beim Lernen vermeidet.

Worauf müssen Sie inhaltlich Ihre Aufmerksamkeit besonders
richten? Auf die Rechtsvorschriften, auf die Gesetzessystematik,
auf die Zusammenhänge, auf das Basiswissen und auf die Argumente, die für oder gegen etwas sprechen (dazu konkreter Kapitel 8).

Es wird Ihnen den Anfang sehr erleichtern, wenn Sie die klare Haltung haben, dass Lernzeit wirklich Lernzeit bedeutet und nichts
diese stören darf. Disziplin ist in diesem Kontext ein wichtiger Faktor, bis ganz allmählich ein neuer Faktor hinzutritt: Echtes Interesse
an der Materie und Begeisterung für den Stoff. Denn das Gehirn
speichert primär, was uns emotional berührt. Und wenn dies mit
Fleiß und der richtigen Lerntechnik zusammenkommt, dann sind
Sie nicht mehr aufzuhalten.

b) Lernpausen, Entspannung und Schlaf

Zum aufmerksamen Lernen gehören zwingend Pausen. Viele Studenten machen einerseits zu wenige und andererseits zu lange Lernpausen. Beides kann mit der manchmal fehlenden Motivation zum
Lernen zusammenhängen. Hat man endlich den inneren Schweine-
hund überwunden und sich an den Schreibtisch begeben, „klebt"
man sich vorsichtshalber für drei bis vier Stunden auf dem Stuhl
fest, damit man endlich etwas schafft. Das beruht auf der Erfahrung,
dass in der Vergangenheit Pausen zu lang wurden oder man im un-
günstigsten Fall gar nicht mehr an den Schreibtisch zurückgekehrt
ist (man wollte nur einen Kaffee, aber es fehlte die Milch, die man
dann besorgen wollte, auf dem Rückweg traf man jemanden und
leerte dann noch den Briefkasten, öffnete die Post und ...).

Lernpausen sind nicht Freizeit, sondern sinnvolle und notwendige Denkpausen zwischen zwei Lernphasen. Ohne regelmäßige Lernpausen lässt die Aufmerksamkeit sehr schnell nach. Die Konzentrationskurve fällt steil nach unten. Häufig wird als Pausentechnik die Pomodoro-Technik empfohlen: 25 Minuten Tätigkeit – 5 Minuten Pause – 25 Minuten Tätigkeit und nach vier 25-Minuten-Einheiten eine längere Pause. Diese Methode ist für die Arbeitswelt entwickelt worden. Pomodoro-Technik heißt sie, weil ihr italienischer Erfinder für die 25-Minuten-Einheiten einen Küchen-Kurzzeitwecker in Form einer Tomate (italienisch *pomodoro*) verwendete.

Allerdings fühlen sich manche Studenten bei intensiver Beschäftigung mit einem Lernstoff nach 25 Minuten eher gestört. Es gibt Studenten, die mit sehr großer Begeisterung ihr Lieblingsfach lernen und dabei so in dem Stoff versunken sind, dass sie alles um sich herum vergessen. Hier würde eine Zwangspause den *Lernflow* unterbrechen. In der „normalen" Lernsituation mit durchschnittlicher Begeisterung sind jedenfalls spätestens nach 45 bis 60 Minuten kurze Minipausen sinnvoll und führen dazu, dass man über den Tag gesehen länger leistungsfähig bleibt. Abgesehen von Lernpausen ist auch das Thema Entspannung wichtig im Jurastudium. Da man eigentlich rund um die Uhr lernen könnte, entwickeln manche Studenten ein ständig schlechtes Gewissen, wenn sie nichts tun, und fragen sich, ob sie sich die Freizeit wirklich gönnen können. Aber auch hier gilt: Dauernde Anspannung ohne Entspannung ist nicht zielfördernd. Auch Jurastudenten haben ein Recht auf Freizeit ohne Reue. Studenten im ersten Semester hören viel Panikmache in Bezug auf das Examen; wenn man ihnen etwas von Freizeit ohne Reue erzählt, sind sie oft sehr erleichtert. Die Fähigkeit, mit Stress umgehen und sich schnell und gut entspannen zu können, ist auch später im Berufsleben gefordert.

c) Visualisierung durch bildhafte Darstellung
Unser Gehirn verankert Informationen nicht nur an einer Stelle, sondern in beiden Gehirnhälften (Hemisphären). Wissenschaftler haben herausgefunden, dass Lernstoff sehr viel besser behalten wird, wenn er nicht nur sprachlich abstrakt in Textform (wie in vielen Lehrbüchern), sondern auch in bildhafter Form präsentiert ist. Denn dadurch werden beide Gehirnhälften gleichermaßen angesprochen. Dabei helfen alle Arten von bildhafter Visualisierung wie

Mindmaps, Tabellen, Zeichnungen, Flussdiagramme, Schaubilder und *graphic novels*. Lehrbücher, die nicht nur Text, sondern auch Schaubilder und andere bildhafte Darstellungen enthalten, sind daher potenziell lernförderlicher (dabei ist die bildhafte Darstellung nur eines von vielen Kriterien bei der Auswahl von Lehrbüchern). Besonders lernförderlich ist es allerdings, diese bildhafte Darstellung selbst vorzunehmen (mehr dazu unten 4.g). Es gibt Jurastudenten, die malen sich zu jeder Vorschrift ein Comic, um sich das Wichtigste zu merken. Auch selbsterstellte Tabellen oder eigene Mindmaps können das Lernen sehr unterstützen.

d) Gute Lernatmosphäre

Die Lernatmosphäre ist ein Faktor, der im weitesten Sinne mit der Aufmerksamkeit zusammenhängt. Denn wenn Sie sich nicht wohlfühlen, sei es, dass Ihnen zu kalt oder zu warm ist, sei es, dass Sie hungrig oder durstig sind, sei es, dass es Ihnen zu laut (Baustelle vor dem Fenster) oder zu leise (in der Bibliothek) ist, ist Ihr Gehirn abgelenkt. Auch wenn der Schreibtischstuhl unbequem ist oder Sie lieber im Stehen arbeiten würden, aber keinen höhenverstellbaren Schreibtisch haben, ist die Lernatmosphäre nicht optimal. Bei guter Atmosphäre und positiven Emotionen werden im Gehirn Adrenalin, Endorphine und Dopamin ausgeschüttet. Diese Botenstoffe unterstützen das Lernen. Sorgen Sie daher, soweit es geht, für eine für Sie passende Lernumgebung. Störungen der Lernatmosphäre haben immer Vorrang.

Wenn Sie nach einer gewissen Zeit merken, dass es heute einfach nicht mit dem Lernen klappen will, weil sich Störungen nicht ausschalten lassen, dann ändern Sie ihren Plan. Ziehen Sie andere Aufgaben vor; später oder spätestens morgen geht es hoffentlich besser. Verwechseln Sie nicht das Absitzen von Zeit mit effektiver Lernzeit.

Von diesen zwei potenziellen Störungen der Lernatmosphäre sollte man gehört haben: Das Lernplateau und das Tal der Tränen. Lernplateau bedeutet, dass man beim Lernen von komplexen Themengebieten nicht immer gleich gut vorwärtskommt, sondern manchmal auf einem Lernplateau einige Tage warten oder ausruhen muss, bis man ein Thema richtig durchdrungen hat und es versteht. Und bei allen größeren Projekten kennt man nach einer ersten Euphoriephase auch Desorientierungsphasen (mir fehlt der

Überblick) und Täler der Tränen (ich schaffe das nicht, ich will das nicht, ich werde das nie verstehen). Das Tal der Tränen ist ein fast notwendiges Durchgangsstadium zu echten Leistungs- und Hochleistungsphasen. Fast jeder Student hat sie bei Hausarbeiten oder in der Examensvorbereitung erlebt. Das Wichtigste ist, dass Sie im Falle eines Lernplateaus oder eines Tales der Tränen nicht anfangen zu glauben, Sie seien grundsätzlich für das Studium oder für diesen konkreten Lernstoff ungeeignet. Denn solche negativen Emotionen in Bezug auf einen Lernstoff setzen sich im Gehirn fest und führen dazu, dass Sie mit dem Lernstoff erst recht nicht mehr richtig umgehen können. Sie ahnen übrigens sicher, welches Schulfach bei vielen Menschen mit negativen Emotionen belegt ist. Nehmen Sie sich von Anfang an vor, so etwas bei den Rechtsgebieten im Studium gar nicht erst zuzulassen. Freuen Sie sich über jede Rechtsvorschrift, die Sie im Studium kennenlernen (und auch darüber, dass dieses Kennenlernen rechtzeitig vor der jeweiligen Prüfung erfolgt ist).

Nun kommen wir zu den drei lernförderlichen Faktoren, die wegen der besonderen Anforderungen des Jurastudiums sehr wichtig sind.

e) Struktur und Verknüpfung

Heute weiß man, dass Lernstoff nicht 1:1 vom Lehrer auf die Lerner übertragen werden kann, sondern in jedem Gehirn eine individuelle Wissenskonstruktion stattfinden muss. Damit Langzeitwissen entsteht, müssen sich Nervenzellen dauerhaft verbinden und sich neue Informationen mit bereits vorhandenem Wissen verknüpfen. Je mehr Wissen schon da ist, desto mehr Anknüpfungspunkte stehen für neue Informationen zur Verfügung. Je strukturierter und geordneter die Information ist, desto leichter fällt das Zuordnen und Einordnen.

Man braucht also zunächst vor allem Struktur und Überblick. Da der Lernstoff im Jurastudium in der Regel so geordnet wird, dass er vom Allgemeinen zum Besonderen führt oder auch von den Grundlagen (dem Basiswissen) zum vertieften Wissen, könnte das Lernen im Jurastudium grundsätzlich ganz gut funktionieren. Die Herausforderung in der Realität des Studiums liegt jedoch darin, dass dieses Basiswissen häufig nicht so gelernt wird, dass es dauerhaft zur Verfügung steht und daran angeknüpft werden kann. Gründe dafür sind, dass das Basiswissen beim Lernen nicht fest genug verankert wird, aber vor allem, dass Studenten nicht erkennen können, was eigentlich das Basiswissen ist. Denn es gibt gerade im ersten Studienjahr so viele neue Informationen (von Dozenten und aus Lehrbüchern, aus Videos und Podcasts, Skripten etc.), dass es sehr schwierig ist, Wichtiges von weniger Wichtigem zu trennen. Zwar wird von Dozenten gesagt, die Studenten sollen sich auf die Grundlagen konzentrieren, aber Studenten merken schnell, dass die „Grundlagen" nicht irgendwo übereinstimmend wie eine mathematische Formel zu finden sind. Dazu kommen immer wieder Warnungen von Dozenten vor am Markt erhältlichen kurzen Skripten: Diese seien unwissenschaftlich und sie enthielten nicht das Basiswissen, sondern oberflächliches Wissen.

Wie also kann man einen Überblick erlangen und Basiswissen oder Grundlagenwissen erkennen? Indem man sich vor dem Lernen von Einzelwissen einen Überblick über das konkrete Rechtsgebiet verschafft (Einordnung, Stellung zu anderen Rechtsgebieten, Rechtsquellen, wichtige Funktionen). Nach dem Überblick kann man das Gebiet in zentrale Themenkomplexe einteilen und inhaltliche Schwerpunkte benennen. Das selbstständige Erarbeiten eines solchen Überblicks zu Beginn wird leider oft vergessen. Dann wird beim Lernen eines neuen Rechtsgebiets einfach mit dem Nacharbeiten der Vorlesung oder mit dem Lesen des ersten Kapitels im Lehrbuch begonnen. Sich einen Überblick zu verschaffen, ist natürlich zu Beginn des Studiums besonders schwer, aber es gibt konkrete Anleitungen und Hilfestellungen, wie man vorgehen kann. Je früher der Überblick über die Rechtsgebiete und die wichtigen Normen erlangt wird, desto einfacher ist die Einschätzung, ob etwas zum Basiswissen gehört.

Erst wenn das Basiswissen wirklich sitzt, kann man Detailwissen daran anknüpfen. Daher sollte das Lernen in konzentrischen Kreisen oder Schleifen (Basiswissen im Grundstudium, Vertiefung und Erweiterung im Hauptstudium, Wiederholung und Ergänzung in der Examensvorbereitungsphase) erfolgen. In der Realität werden jedoch bestimmte Themen für eine Klausur im Studium in „Segmenten" gelernt (ein kleiner Ausschnitt des Lernstoffs, dann aber alles, was man dazu wissen muss, d. h. Anfänger-, Fortgeschrittenen- und Examenswissen in einem Lernvorgang). Zum einen wird davon dauerhaft wenig behalten, weil es zu viel auf einmal ist. Zum anderen besteht die Gefahr, dass am Ende des sechsten Semesters das Wissen aus vielen kleinen Teilen besteht und Lücken im Basiswissen bleiben.

Wenn man konkrete Themenkomplexe bearbeitet, hilft es, die für Klausuren wichtige Gesetzeskenntnis und -systematik vor allem durch konkrete Arbeit mit dem Gesetzestext zu lernen und dabei die Strukturen und Zusammenhänge zu ergründen (dazu Kapitel 8). Lernziel der einzelnen Lernphasen müssen daher konkrete Lernthemen sein, nicht eine bestimmte Zahl von Lehrbuchseiten.

Eine weitere wichtige Erkenntnis zum Thema Verknüpfung: Es gibt im Gehirn keine Vorratskammer für Informationen, zu denen noch Fragen bestehen oder die noch unklar sind. Diese Informationen können nicht zugeordnet werden, sie werden wieder vergessen. Man kann sie nicht in die Vorratskammer legen und hoffen, dass man sie dann zum geeigneten Zeitpunkt, wenn man sie zuordnen könnte, wieder herausholt. Das bedeutet, dass Sie offene Fragen zu einem Themengebiet möglichst bald klären sollten.

f) Ergebnissicherung und Wiederholen

Wissen wird in der Regel langfristig nur behalten, wenn es nach dem erstmaligen Erarbeiten mehrfach, typischerweise mindestens drei Mal, sinnvoll wiederholt wird. Neurobiologisch müssen im Gehirn die Impulse mehrfach gesetzt werden, damit die Nervenzellenverbindung „hält" und sich „dicke" Synapsen bilden. Dies haben Sie sicher schon in der Schule gehört, aber im Jurastudium mit der Ersten Prüfung am Ende ist Wiederholen einfach unverzichtbar. Der Lernerfolg im Jurastudium hängt in ganz hohem Maße von einem guten Wiederholungsmanagement ab.

Dabei gilt, dass sich die Abstände zwischen den Wiederholungen vergrößern sollen. Bei langfristigem Lernen wird häufig Wiederholung nach 48 Stunden, nach einer Woche und nach einem Monat empfohlen. Da die Vergessenskurve in den ersten 48 Stunden steil bergab geht, ist eine erste Wiederholung spätestens nach zwei Tagen besonders wichtig. Trotz dieser eindeutigen Erkenntnisse meinen viele Studenten, dass sie angesichts der Stoffmenge für Wiederholungen keine Zeit haben. Sie begreifen die Zeit für Wie-

derholungen als zusätzliche (im Zweifel überflüssige) Lernzeit
und verstehen unter dem Wiederholen eine einfache Wiedergabe
in ähnlichen Worten. Ohne Wiederholung müssen Studenten im
Laufe des Studiums Lernstoff unnötigerweise immer wieder fast
vollständig neu lernen.

Ein Beispiel: Das Thema „Grundrechte" wird an den meisten Universitäten im zweiten Semester gelehrt. Grundrechte müssen von
da an in sehr vielen Falllösungen in allen weiteren Semestern geprüft werden (insbesondere im Verwaltungsrecht). Viele Studenten
erwerben im zweiten Semester jedoch das nötige Langzeitwissen
zu Grundrechten nicht vollständig, so dass sie in allen weiteren
Semestern Aspekte, die sie eigentlich schon beherrschen müssten,
wieder neu lernen müssen. Das fehlende Langzeitwissen hat aber
noch einen anderen Nachteil: Wenn Studenten in einem höheren
Semester etwas Neues zu Grundrechten lernen, kann ihr Gehirn
auch diese neue Information nicht „andocken", weil das Basiswissen als Anknüpfungspunkt fehlt. Das führt zu einem doppelten
Lernaufwand: erneutes Lernen des Basiswissens und mühsameres
Lernen des Vertiefungswissens.

Zeit zum Wiederholen sollte daher als echte Lernzeit konkret und
im Voraus geplant werden. Das bedeutet für 120 Minuten Lernzeit:
Statt heute 120 Minuten zu lernen und nicht zu wiederholen, ist
es besser, sich vorzunehmen, heute 70 Minuten zu lernen und
diesen Stoff dann in zwei Tagen 20 Minuten, in einer Woche 15 Minuten und in einem Monat nochmal 15 Minuten zu wiederholen.
Obwohl die investierte Lernzeit in beiden Varianten 120 Minuten
beträgt, ist mit ziemlicher Sicherheit nur bei der zweiten Variante nach einem Monat Langzeitwissen entstanden. Ein sinnvolles
Wiederholen soll über eine reine Wiedergabe hinausgehen und
meint abwechslungsreiche und aktive Beschäftigung mit dem
Stoff. Das bedeutet im Jurastudium, sich vor allem auch mit der
Anwendung der Vorschriften und des dazu gelernten Stoffes in
ganz unterschiedlichen Fallbearbeitungen auseinanderzusetzen.
Dabei helfen beim Ersterwerb des Wissens gute Musterlösungen
als Anschauungsmaterial.

Das Wiederholen gelingt besser, wenn man am Ende der Lernphase
eine Ergebnissicherung gemacht hat, auf die man beim Wiederho-

len zurückgreifen kann. Statt einfach das Lehrbuch zuzuschlagen, weil es jetzt 18 Uhr und die Lernzeit zu Ende ist, sollte man sich vorher Fragen wie diese stellen: Was habe ich gerade gelernt? Welche Normen habe ich kennengelernt? Welche interessanten Informationen, z.B. Definitionen oder Argumente, habe ich dazu gelernt? Was würde ich auf einen Spickzettel schreiben? In welchem Zusammenhang steht das Gelernte? Wo und wie könnte ich es anwenden? Wobei nützen mir die Erkenntnisse? Welche Fragen sind offen und noch zu klären? Solche Ergebnissicherungen helfen noch einmal, den Stoff zu sortieren und zu strukturieren. Sie führen auch dazu, sich Erkenntnisse und Lernfortschritte bewusst zu machen.

Haben Sie schon vom Lernen im Schlaf gehört? Damit meinen wir nicht die Hoffnung, mit dem Lehrbuch unter dem Kopfkissen würde der Inhalt über Nacht in Ihr Gehirn gelangen. Das funktioniert nicht. Richtig ist aber, dass das Gehirn bestimmte Schlafphasen nutzt, um Inhalte im Langzeitgedächtnis abzuspeichern. Bei zu kurzem Schlaf werden die Erinnerungen überschrieben, bevor sie ins Langzeitgedächtnis gelangen. Da nützt es nichts, wenn man tagsüber sehr viel gelernt hat. Deswegen führt auch Bulimielernen und nächtelanges Durchlernen nur zu wenig dauerhaftem Wissen. Die Speicherkapazität während einer Nacht ist generell begrenzt; auch deswegen ist ein Lernmarathon am Tag vor der Prüfung nicht hilfreich. Wenn Studenten es schaffen, an einem Tag bis zu sechs Stunden mit entsprechenden Pausen zu lernen, können sie sehr zufrieden sein. Denn den Inhalt dieser sechs Stunden kann das Gehirn dann auch nachts verarbeiten.

g) Aktives Lernen

Aktives Lernen erhöht die Behaltensquote und den Lernerfolg. Das verwundert nicht: Sie wollen etwas verstehen, also müssen Sie aktiv daran arbeiten. Eine andere Person kann nicht an Ihrer Stelle für Sie lernen. Aber aktives Lernen meint mehr. Unter aktivem Lernen wird verstanden, dass Sie sich vor allem selbstständig auf unterschiedliche Arten mit dem Stoff auseinandersetzen. Das bedeutet konkret, in Lehrveranstaltungen nicht nur zuzuhören (und wild alles mitzuschreiben), sondern mitzudenken, sinnvolle Notizen zu machen und sich aktiv, beispielsweise durch Fragen, zu beteiligen.

Aktives lernförderliches Lesen bedeutet, sich vor dem Lesen eines Lehrbuchabschnitts Fragen an den Text zu überlegen. Falls Sie in der Schule noch nichts von der 5-Schritt-Lesetechnik (SQ3R-Methode oder auch SQR3-Methode) gehört haben, machen Sie sich mit dieser Lesetechnik vertraut (zum Einstieg: t1p.de/9cxon).

Gut ist auch, in privaten Arbeitsgruppen den Stoff zu diskutieren und juristisch zu argumentieren (zu privaten Lerngruppen auch Kapitel 11). Jede Form von Aktivität wie Schreiben und Sprechen, Fragen stellen und Diskutieren sind unterstützende Lerntätigkeiten, die zum Verstehen des Lernstoffs führen. Gerade im gegenseitigen Gespräch werden Gedanken weiterentwickelt und verfestigt.

Wichtige Erkenntnis dabei ist (noch einmal), dass es – anders als in der Schule – nicht um „einfache" Nacharbeit oder um das Nachlernen geht, sondern um das eigenverantwortliche systematische Erarbeiten von Rechtsgebieten mit dem Ziel, diese anzuwenden. Dozenten und Lehrbücher sind dabei unterstützende Wissensquellen. Das Lernziel ist jedoch nicht das erfolgreiche Nacharbeiten von Lehrveranstaltungen oder das vollständige (Auswendig)Lernen von Lehrbuchinhalten und Skripten, sondern das Verstehen des Rechtsgebiets mit dem Ziel, beliebige Fälle lösen zu können. Es kommt vor, dass jemand eine Vorlesung intensiv nachgearbeitet und ein Lehrbuch vollständig exzerpiert hat und trotzdem den dazu passenden Fall nicht lösen kann. Wir hatten schon in Kapitel 5 gesagt, dass viele Studenten nach dem Lernen einzelner Rechtsinstitute, wie z. B. der Anscheinsvollmacht, sehr gute Referate darüber halten könnten. Die Anscheinsvollmacht ist aber erst dann erlernt, wenn man anhand des konkreten Sachverhalts und/oder der Fallfrage überhaupt erkennt, dass es in dem betreffenden Fall um Anscheinsvollmacht geht. Dann muss man wissen, an welchem Gliederungspunkt der Falllösung die Anscheinsvollmacht eine Rolle spielt und wie sie methodisch richtig in die Fallbearbeitung eingebaut werden kann.

Häufig werden diese zusätzlichen entscheidenden Überlegungen beim Erarbeiten eines Rechtsgebiets vergessen. Die Methode der Fallbearbeitung muss intensiv durch aktive Übung schon bei der Wissensaneignung, nicht erst beim eigentlichen Falltraining berücksichtigt werden. Zusätzlich muss dann die Wissensumsetzung (Fallbearbeitung und schriftliches Argumentieren) trainiert werden. Die einzelnen Lernschritte werden nicht explizit von Ihnen gefordert; daher müssen Sie dies selbst in ihren Studienalltag integrieren (dazu Kapitel 8). All das ist also mit aktivem Lernen im Jurastudium gemeint.

5. Motivation, Begeisterung und innere Haltung

Motivation ist nicht ein weiterer lernförderlicher Faktor, sondern der innere Wille, bestimmte Ziele zu erreichen. Lernmotivation ist also die Absicht, die erforderlichen Lerntätigkeiten vorzunehmen. Die Kenntnis der lernförderlichen Faktoren nutzt nichts, wenn man nicht lernen will. Tatsächlich ist fehlende Motivation für viele Studenten ein großes Lernhindernis. Denn in der Schule wird Lernen häufig durch Notendruck veranlasst. Die Frage, ob man an dem Stoff interessiert ist, stellt sich nicht. Im Studium dagegen sollte Lernen ein „Mit-Freude-Lernen" sein. Die innere Haltung muss von der Frage *„Was muss ich heute lernen?"* zu der Frage *„Was darf ich heute lernen?"* wechseln.

Es ist nachgewiesen, dass diese von innen kommende (intrinsische) Motivation das Lernen insgesamt erheblich erleichtert. Auf die neurowissenschaftlichen Zusammenhänge (Ausschüttung von bestimmten Botenstoffen im Gehirn etc.) können wir hier im Einzelnen nicht eingehen. Das persönliche Interesse an dem Lernthema und die Neugierde oder sogar Begeisterung dafür können Lernergebnisse enorm verbessern. Je motivierter Sie sind, desto mehr Spaß macht das Studium. Motiviert zu lernen, ist nicht immer leicht. Wir empfehlen daher gerade für den Studienbeginn, unterschiedliche Ansätze auszuprobieren, um die Motivation im Studienalltag zu erhöhen. Dazu gehören zum Beispiel konkrete Lernziele, Belohnungen, Lerngruppen, realistische Pläne, Absprachen mit anderen oder Motivationsvideos.

6. Eigenverantwortliche individuelle Umsetzung der lernförderlichen Faktoren

Es gibt wahrscheinlich kaum einen anderen Studiengang, in dem Sie in der Art, wie Sie die Lernthemen erarbeiten, so frei und unabhängig sind. Sie lernen nicht das Sachenrecht, das Professor XY lehrt oder das im Lehrbuch XY steht, sondern Sie erarbeiten das Sachenrecht (das als Bundesgesetz in ganz Deutschland gilt) mit dem Ziel, es in Klausuren und in der Prüfung anwenden zu können. Am Ende zählt, ob Sie Sachenrecht anwenden können, nicht, ob Sie ein besonders schönes Exzerpt der Vorlesung erstellt haben. Niemand fragt danach, bei wem und an welcher Universität Sie im dritten Semester Sachenrecht gelernt haben (vergegenwärtigen Sie sich, dass es in einem Semester an über 40 Universitäten eine Vorlesung zum Sachenrecht gibt). Wann, wo, womit, von wem und mit wem Sie lernen, ist im Jurastudium also weitgehend Ihnen überlassen.

Häufig hört man den Begriff „Selbststudium" in Abgrenzung zu Lehrveranstaltungen. Damit ist gemeint, dass Sie außerhalb von Vorlesungen über Ihre Zeit und damit Ihr Studium „selbst" verfügen können. Im Jurastudium besteht in nur ganz wenigen Veranstaltungen eine Anwesenheitspflicht. Insofern ist das Jurastudium im Großen und Ganzen ein Selbststudium mit einer großen Freiheit, die man richtig nutzen muss. Je besser Sie die lernförderlichen Faktoren individuell in Ihrem Studienalltag umsetzen können, desto mehr Erfolgserlebnisse und Freude haben Sie im Studium. Erfolgserlebnisse wiederum sind sehr wichtig für die Motivation.

7. Zeit-, Selbst- und Wissensmanagement

Sie haben jetzt schon begriffen: Wer im Jurastudium schnell die Fähigkeiten entwickelt, die zu einem eigenverantwortlichen Selbststudium gehören, ist klar im Vorteil. Dazu gehören auch die Fähigkeiten, Prioritäten zu setzen, sich motivieren zu können, Prokrastination (Aufschieberitis) weitgehend zu vermeiden und sich konkrete, erreichbare Zwischenziele zu setzen. Zur realistischen Lernplanung gehören auch Pufferzeiten und die Rücksicht darauf, ob man eher Morgenmensch oder Abendmensch ist (Stichworte

„Chronotyp" oder „Biorhythmus"). Auf all diese Aspekte gehen wir hier nicht weiter ein, da Sie zum Thema Zeitmanagement oder Selbstmanagement im Studium ausreichend Tipps und zahlreiche YouTube-Videos finden können.

Wenn Sie sich für das Studium entscheiden, empfehlen wir Ihnen, von Anfang an auch über Ihr persönliches Wissensmanagement nachzudenken. Denn das gehört zum nachhaltigen Lernen. Das bedeutet, dass Sie Lerninhalte so verwahren, dass Sie später gut darauf zugreifen können. Beispielsweise werden Sie die Grundrechte im gesamten Studium des Öffentlichen Rechts begleiten – es ist nicht sinnvoll, in jedem Semester und damit verteilt auf zahlreiche Ordner Detailwissen zu Grundrechten festzuhalten. Überlegen Sie von Anfang an, in welcher Form sie Ihr persönliches „Jurastudium-Wissen" für später aufbereiten und dauerhaft aufbewahren wollen: digital oder in Papierform, in Form von Karteikarten oder Mindmaps? Auch diese Entscheidung liegt ganz allein bei Ihnen. Zu den unterschiedlichen Möglichkeiten existiert ebenfalls weiterführende Literatur.

8. Kurz zusammengefasst

Wichtige Lernziele sind ein nachhaltiger Wissenserwerb (Langzeitwissen) und ein tieferes Verstehen. Erst, wenn man juristischen Lernstoff wirklich verstanden hat, kann man sein Wissen in Zusammenhänge einordnen. Der Lernerfolg tritt ein, wenn die Anwendung des Gelernten in einer Falllösung gelingt.

Jura lernen will gelernt sein. Erfolgreich zu lernen bedeutet auch, richtig mit Ratschlägen umzugehen. Die vielen Lerntipps zum Studienbeginn sind als Anreiz zum mutigen Ausprobieren aber auch kritischen Reflektieren zu verstehen, sonst geht es Ihnen möglicherweise wie dem Fisch: *„Lass Dir aus dem Wasser helfen", sprach der freundliche Affe – und setzte den Fisch sicher auf einen Baum.* Hören Sie als Fisch also nicht auf freundliche Affen und lassen Sie sich nicht auf einen Baum setzen. Nutzen Sie den Studienanfang, um unterschiedliche Lernstrategien auszuprobieren. Reflektieren Sie Ihr Lernverhalten fortlaufend und lernen Sie, mit Ihren Schwächen umzugehen. Dann wird es gelingen.

Wir mussten in diesem Kapitel an vielen Stellen auf weiterführende Literatur verweisen, die wir nicht in umfangreiche Fußnoten
aufnehmen wollten. Wenn Sie also mehr lesen wollen, finden Sie
mehr zu diesen Themen und sehr viele konkrete Literaturhinweise
im Studienbegleiter von *Barbara Lange*, Jurastudium erfolgreich,
9. Auflage 2023, vor allem in Kapitel 5 *Lesekompetenzen,* Kapitel 6
Rechtsgebiete systematisch erarbeiten, Kapitel 8 *Wissen mit Karteikarten speichern,* Kapitel 11 *Lernen* und Kapitel 12 *Zeitmanagement.*

Wir halten das Thema Lernen für so wichtig, dass wir ihm noch
drei weitere Texte gewidmet haben. Im nächsten Kapitel geht es
zunächst um Fehler als Lernchance. Denn während des gesamten
Studiums und besonders gegen dessen Ende sollte man Fehler als
große Lernchance wahrnehmen.

Kapitel 8

Und das dicke Ende kommt am Schluss?

oder: Lernen aus Fehlern (nicht nur) in
der Examensvorbereitung

Vorab ein Warnhinweis: *In diesem Kapitel werden Sie gewissermaßen ins kalte Wasser geworfen. Es geht schon damit los, dass Ihnen eine Menge Paragrafen vorgestellt werden; diese finden Sie im Wortlaut im Anhang zum Buch. Außerdem werden echte juristische Probleme behandelt, wie sie Ihnen im Jurastudium tagtäglich begegnen. Das werden Sie vermutlich nicht einfach so „herunterlesen" können, und Sie werden wohl auch nicht alles auf Anhieb verstehen. Das macht aber nichts. Denn hier geht es darum, Ihnen einen ganz konkreten und realistischen Eindruck davon zu vermitteln, was das Jurastudium und die Erste Staatsprüfung als seinen Abschluss anspruchsvoll macht.*

1. Furchtbar schlechte Noten in Jura

Vermutlich haben Sie es schon gehört: In Jura sind gute Noten sehr selten. Die Note „gut" – von „sehr gut" ganz zu schweigen – erreichen in juristischen Abschlussklausuren und in der Staatsprüfung nur die besten zwei bis drei Prozent. Das entspricht in etwa der Quote von 1,0-Abschlüssen im Abitur.

Es bedeutet aber auch, dass man mit einer ziemlich schlechten Note schon bei den Erfolgreicheren sein kann, weil etliche Mitbewerber nicht bestehen. Außerdem spielen die Noten nicht in jedem juristischen Beruf die entscheidende Rolle, und zwar teils schon beim Berufseinstieg nicht. Wenn Sie eine Karriere als Einzelanwalt anstreben, stehen dem schlechte Noten nicht im Weg – sofern sie zum Bestehen der beiden Staatsprüfungen gereicht haben. Über Sinn und Unsinn dieser strengen Notengebung ließe sich ein eigenes Buch schreiben...

2. Jura: Eigentlich leicht verständlich...

So schwer es offenbar ist, in einer Jura-Klausur eine gute Note zu schreiben,[1] so wichtig ist es auf der anderen Seite, Folgendes zu wissen: Die Musterlösung enthält selbst für die schwächsten Bearbeiter in aller Regel nichts, was sie nicht – mit etwas gutem Willen – auf Anhieb verstehen könnten. Wie passt das zusammen?

Die Erklärung hierfür liegt darin, dass juristischer Stoff an sich nicht schwierig ist. Man muss also nicht befürchten, in einer Jura-Vorlesung oder beim Lesen eines Lehrbuchs gedanklich auszusteigen. So etwas kann einem – je nach Begabung – nur in den Naturwissenschaften passieren und vielleicht noch bei sehr abstrakten oder besonders „verschwurbelten" Texten der Philosophie und etwa der Soziologie. In guten juristischen Texten wird dagegen – entgegen einem weitverbreiteten Vorurteil – gerade nicht kompliziert formuliert. Die Lehrbücher, die Ihnen Ihre Dozenten empfehlen werden, zeichnen sich in der Regel umgekehrt durch eine klare und präzise Sprache und eher kurze als lange Sätze aus. Und so sollen Sie dann auch Ihre Klausuren schreiben und in mündlichen Prüfungen Ihre Antworten formulieren.

3. ...aber dennoch anspruchsvoll!

Woher kommen dann die schlechten Noten? Ist der an sich leicht zu verstehende Stoff so umfangreich, dass man sich selbst mit einem Elefantengedächtnis nur einen Bruchteil davon merken kann?
　　Nein, auch das nicht! Der Stoff, den man im Kopf haben muss, ist für sich genommen nämlich durchaus überschaubar. Das kann man sogar für die Erste Staatsprüfung sagen, auch wenn dort – in der Regel am Stück, mit höchstens ein bis zwei Tagen Pause zwischen den drei Rechtsgebieten[2] – sechs bis sieben fünfstündige Klausuren im

---

1　Die mündliche Staatsprüfung gibt es allerdings auch noch. Ihr Gewicht liegt innerhalb der Ersten Juristischen Staatsprüfung bei ca. 1/3 – mit leichten Schwankungen von Bundesland zu Bundesland. S. dazu auch Kapitel 5.

2　Soweit es (in wenigen Bundesländern) die Möglichkeit zur Abschichtung gibt, ist das für die Studenten nicht unbedingt von Vorteil: Denn es bedeu-

Zivilrecht, Strafrecht und Öffentlichen Recht zu schreiben sind und ein paar Monate später noch eine mündliche Prüfung folgt. Auch muss man von den vielen Rechtsvorschriften keine einzige auswendig aufsagen können, weil man die Gesetze zur Prüfung mitnehmen darf (dazu noch mehr im übernächsten Kapitel).

Das eigentlich Anspruchsvolle liegt vielmehr in den folgenden Arbeitsschritten:

- Aufspüren der entscheidenden Vorschriften
- Bestimmung des Verhältnisses der gefundenen Vorschriften zueinander
- Prüfung der gefundenen Vorschriften. Dabei geht es um genaue Arbeit am Gesetzeswortlaut, Problembewusstsein und Argumentationsvermögen.

Sie können sich vorstellen, dass die hiermit angesprochenen Schwierigkeiten bei der Ersten Staatsprüfung besonders groß sind, weil der gesamte Stoff dort, wie gesehen, auf einmal abgeprüft wird.
Im Folgenden wollen wir uns jeden dieser Arbeitsschritte etwas näher ansehen.

a) Aufspüren der entscheidenden Rechtsvorschriften
In einer Klausur muss man innerhalb kurzer Zeit die richtigen Vorschriften herauspicken – und zwar bezogen auf einen konkreten Sachverhalt (Fall), dem man zuvor noch nie begegnet ist. Aufzuspüren sind also die Vorschriften, die für die Lösung des Falles eine Rolle spielen. Dies ist schon deswegen nicht ganz einfach, weil die Vorschriften abstrakt formuliert sind, der zu bearbeitende Sachverhalt aber ein ganz konkretes Geschehen schildert.

Außerdem gibt es in jedem der geprüften Fächer sehr viele Vorschriften. Dabei wird man sich natürlich bemühen, vorab diejenigen Vorschriften gedanklich auszusortieren, die mit dem Sachverhalt nichts zu tun haben. Aber es passiert – zumal wegen ihrer

---

tet, dass sich alle auf eine Klausur mit begrenztem Stoff vorbereiten – und somit für diese Klausur alle besser vorbereitet sind. Es liegt nahe, dass eine solche Klausur dann auch strenger bewertet wird.

abstrakten Formulierung – schnell, dass man dabei zu viele oder zu wenige Vorschriften erwischt.

Beispiel: Wenn es um einen Kaufvertrag geht, muss man nicht nur das Kaufrecht in Betracht ziehen (§§ 433 ff. BGB[3]), sondern darüber hinaus Vorschriften, die ganz allgemein für Verträge gelten und daher im Aufbau des BGB „vor die Klammer gezogen" sind. Außerdem sind innerhalb des Kaufrechts zusätzliche Vorschriften zu beachten, wenn der Verkäufer ein Unternehmer und der Käufer ein Verbraucher ist. Denn zugunsten des Käufers als Verbraucher (und damit zugleich zu Lasten des Verkäufers als Unternehmer) sind im BGB – infolge von Vorgaben der Europäischen Union – besondere Schutzvorschriften eingefügt worden sind, die man nicht übersehen darf.[4]

Unter den aufzuspürenden Normen finden sich oft auch solche, die man zuvor noch nie gelesen hat. Immerhin: Es bestehen gute Chancen, sie zu finden! Nämlich, indem man sich klarmacht, wie das betreffende Gesetzbuch aufgebaut ist, und wenn man sich zudem intensiv mit dem geschilderten Sachverhalt und der Fragestellung beschäftigt.

Eine Vorschrift kann selbst dann schwer zu finden sein, wenn man ihr zuvor schon begegnet ist. So handelt es sich bei dem Sachverhalt vielleicht um ein Geschehen, das man mit der Vorschrift nicht in Verbindung bringt. Mitunter hat man es sogar schwerer, eine Norm zu finden, die man bereits kennt, dies aber nur im Zusammenhang mit anders gelagerten Sachverhalten.

Beispiel: In § 275 Abs. 1 BGB geht es um die Unmöglichkeit, eine geschuldete Leistung zu erbringen. Diese Vorschrift ist Ihnen in der Vorlesung vielleicht an folgendem Beispiel erklärt worden: Ein Auto wird verkauft; es verbrennt, noch bevor der Verkäufer dem Käufer

---

3   BGB = Bürgerliches Gesetzbuch.
4   Auch in den anderen Rechtsgebieten gibt es immer wieder neue Vorschriften, so im Strafrecht der Tatbestand des verbotenen Kraftfahrzeugrennens, § 315d Strafgesetzbuch (StGB). Auch der umgekehrte Fall ist anzutreffen, so etwa beim Straftatbestand der Werbung für den Abbruch der Schwangerschaft. Dieser ist zunächst eingeschränkt worden und wurde schließlich im Jahr 2022 komplett abgeschafft.

das Eigentum daran verschafft hat. Nun ist dem Verkäufer dies also nicht mehr möglich – mit der Folge, dass er von der Pflicht zur Übereignung des Autos, siehe § 433 Abs. 1 S. 1 BGB, gemäß § 275 Abs. 1 BGB befreit ist.[5] Der zu bearbeitende Klausursachverhalt dagegen handelt vielleicht davon, dass ein Verkäufer eine Sache ein zweites Mal verkauft hat und das Eigentum dem zweiten Käufer verschafft hat: Auch dies kann ein Fall der Unmöglichkeit der Eigentumsverschaffung sein, nämlich gegenüber dem ersten Käufer, und zwar dieses Mal aus rechtlichen, nicht aus tatsächlichen Gründen.

Die entscheidenden Vorschriften können schließlich deswegen schwer zu finden sein, weil der in der Aufgabe geschilderte Sachverhalt nur die *Voraussetzungsseite* der Normen betrifft, für die Fallfrage aber deren *Rechtsfolgen* entscheidend sind. Das bedeutet: Es besteht die Gefahr, dass einem jede Menge Vorschriften einfallen, deren Voraussetzungen der Sachverhalt erfüllen würde, die aber wieder ausgeblendet werden müssen, weil sie zu Rechtsfolgen führen, für die sich die Fallfrage gar nicht interessiert.

So enthält der Sachverhalt einer zivilrechtlichen Klausur vielleicht die Information, dass der Verkäufer dem Käufer die gekaufte Sache nicht mehr übereignen kann (so dass einem dazu recht schnell § 433 Abs. 1 S. 1 BGB und § 275 Abs. 1 BGB einfallen, s. bereits oben). Die Fallfrage interessiert sich aber vielleicht gar nicht für diese Pflicht des Verkäufers, sondern lautet vielmehr: Ist der Käufer in dieser Situation trotzdem noch verpflichtet, den Kaufpreis zu zahlen? Vorschriften, die sich mit dieser Frage beschäftigen, sind schon etwas schwerer zu finden. Im Kaufrecht (§§ 433–479 BGB) steht dazu nichts. Wenn man sich aber damit befasst hat, wie das BGB aufgebaut ist, dann rücken zusätzlich die §§ 320 bis

---

5   Ob der Verkäufer stattdessen Schadensersatz leisten oder einen etwaigen Anspruch gegen seinen Versicherer und/oder gegen einen möglichen anderen Brandverursacher als Ersatz an den Käufer abtreten muss und inwieweit dieser dann doch noch zumindest einen Teil des Kaufpreises zahlen muss, wären typische weitere Fragen in einer Zivilrechtsklausur. Für all diese Konstellationen gibt es Vorschriften, die man finden muss (und die wegen der Systematik des Gesetzes z.T. an verschiedenen Stellen stehen), siehe etwa §§ 280 Abs. 1, Abs. 3, 283 S. 1 BGB; § 285 Abs. 1 und Abs. 2 BGB; § 326 Abs. 1 S. 1 BGB; § 326 Abs. 3 BGB. Zu § 326 BGB im Text gleich noch mehr.

326 BGB ins Blickfeld. Diese Normen behandeln nicht speziell den Kaufvertrag, sondern allgemein Verträge, und dabei wiederum etwas konkreter (und daher auch nicht in unmittelbarer Nähe von § 275 BGB) die gegenseitigen Verträge. Solche Verträge haben einen Inhalt nach dem Muster „Ich gebe Dir etwas, damit Du mir im Gegenzug ebenfalls etwas gibst." Dazu gehört auch der Kaufvertrag (und etwa auch der Miet- oder der Arbeitsvertrag). Innerhalb der §§ 320 ff. BGB wiederum beschäftigt sich § 326 BGB speziell mit der Frage, wie sich die Unmöglichkeit einer Leistung (hier: die Übereignung der Kaufsache) auf die Pflicht auswirkt, die Gegenleistung zu erbringen, hier also: den Kaufpreis zu zahlen. Mal entfällt diese Pflicht ganz (Abs. 1 S. 1), mal gar nicht (Abs. 2), mal teilweise (Abs. 3). Erst jetzt ist also die Rechtsfolge gefunden, für die sich die Fallfrage („Ist K verpflichtet, an V den Kaufpreis zu zahlen?") interessiert.[6]

Manchmal findet man die Vorschrift mit der passenden Rechtsfolge deswegen nicht, weil die Rechtsfolge aus ihr nicht deutlich hervorgeht. So steht z.B. in § 151 S. 1 BGB: „*Der Vertrag kommt durch die Annahme des Antrags zustande, ohne dass die Annahme dem Antragenden gegenüber erklärt zu werden braucht, wenn...*" Was soll das bedeuten? Eine Annahme ist nötig, sie muss aber nicht erklärt werden? Doch, muss sie schon, aber nicht *gegenüber dem Antragenden*. Dieser muss von der Annahme also ausnahmsweise nichts erfahren (das Gesetz spricht von Zugang, siehe § 130 Abs. 1 S. 1 BGB, der hier also ausnahmsweise entbehrlich ist) – und trotzdem ist der Vertrag geschlossen. Dies natürlich nur dann, wenn die in § 151 S. 1 BGB genannten Voraussetzungen vorliegen (die oben bei dem Zitat abgeschnitten wurden). Sprachlich macht es einem das Gesetz hier nicht gerade leicht, auf den entscheidenden Aspekt – die Entbehrlichkeit des Zugangs also – zu kommen. In einigen Bundesländern[7] dürfen Sie aber im Gesetz einzelne Wörter unterstreichen. Damit würden Sie das Problem leicht in den Griff

---

6   Auf § 326 BGB wird zwar in § 275 Abs. 4 BGB bereits hingewiesen. Ein solcher Hinweis ist für das BGB aber sehr untypisch, und viele Studenten nutzen diesen Hinweis leider nicht, weil sie die Vorschrift nicht zu Ende lesen.

7   Etwa in Baden-Württemberg, Bayern und Rheinland-Pfalz.

bekommen: Einfach einen Strich unter den Passus „gegenüber dem Antragenden" – fertig! In einer Klausur würden Sie § 151 S. 1 BGB etwa wie folgt in die Prüfung einbauen: „Die Annahmeerklärung des B ist dem Antragenden A entgegen § 130 Abs. 1 S. 1 BGB nicht zugegangen. Der Zugang könnte aber gemäß § 151 S. 1 BGB entbehrlich sein. Dies setzt voraus, dass…"

Im Zivilrecht kommt als Schwierigkeit hinzu, dass es besonders viele Vorschriften gibt – allein im BGB (das aber auch den weitaus größten Teil des Zivilrechtsstoffes im Examen ausmacht) über 2.400.[8] Gut kennen muss man davon allerdings nur einen relativ kleinen Anteil. Die übrigen Vorschriften müssen nur gefunden werden, was wiederum gut gelingen kann, wenn man sich, wie gesagt, die Gesetzessystematik klargemacht hat und sich auf den konkret zu lösenden Sachverhalt einlässt.

Im *Öffentlichen Recht* besteht eine besondere Herausforderung darin, dass eine ganze Normenpyramide zu beachten ist. So kann für die rechtliche Beurteilung eines Bescheids beispielsweise nicht nur relevant sein, ob es hierfür eine gemeindliche Satzung oder eine Rechtsverordnung gibt, sondern darüber hinaus, ob die Satzung oder Rechtsverordnung mit Landes- und Bundesgesetzen vereinbar ist, die wiederum ihrerseits mit Landes- und Bundesverfassungsrecht[9] sowie Europarecht in Einklang stehen müssen.

Und im *Strafrecht* kann einem in der Kürze der Zeit der Blick dafür fehlen, dass auch „exotischere" Delikte wie etwa der räuberische Angriff auf Kraftfahrer (§ 316a StGB) in Betracht kommen, während

---

8   Der letzte Paragraf des BGB trägt zwar die Nummer § 2385, aber da immer wieder mal etwas Neues eingefügt und nur selten etwas gestrichen wird, gibt es dort z.B. auch §§ 327u, 630h, 651y (und daher auch §§ 327a, 630a, 651a und jeweils alles, was dazwischen liegt).

9   So musste das Bundesverfassungsgericht (BVerfG) etwa vor Kurzem darüber entscheiden, ob die Tatbestandsmerkmale „rücksichtslos", „grob verkehrswidrig" und „höchstmögliche Geschwindigkeit" in § 315d StGB (zu diesem siehe schon oben Fn. 4) dem verfassungsrechtlichen Bestimmtheitsgebot für Straftatbestände (Art. 103 Abs. 2 GG; siehe auch § 1 StGB) genügen. Es hat die Frage jeweils bejaht (BVerfG, Beschluss vom 09.02.2022 - 2 BvL 1/20).

einem vielleicht nur die bekannteren Delikte „Raub" (§§ 249 ff.
StGB) und „Gefährdung des Straßenverkehrs" (§ 315c StGB) eingefallen sind. Oder man übersieht, dass für eine beteiligte Person
ein Rechtfertigungsgrund wie Notwehr in Betracht kam, oder dass
nach Verneinung einer Vorsatztat noch ein Fahrlässigkeitsdelikt
zu prüfen war (fahrlässiges Verhalten ist viel seltener strafbar als
vorsätzliches).[10] Außerdem kann es schwierig sein zu erkennen,
dass mit einer einzigen Handlung gleich mehrere Delikte begangen
wurden oder dass sogar im Nichtstun (sog. Unterlassen) ein straf-
bares Verhalten lag (siehe § 323c StGB; über § 13 StGB ist sogar für
die meisten Delikte auch eine Unterlassungsstrafbarkeit denkbar).
Häufig passiert es zudem, dass bei einer Versuchsstrafbarkeit ein
Rücktritt nicht mehr geprüft wird. Oder er wird geprüft, dabei wird
aber übersehen, dass bei mehreren Tatbeteiligten Sonderregeln
gelten (siehe § 24 Abs. 2 StGB). Oder es wird zwar zu Recht eine
Anstiftung verneint, dabei aber nicht bedacht, dass auch eine ver-
suchte Anstiftung strafbar sein kann (§ 30 Abs. 1 StGB). Oder man
hat die im Sachverhalt auftretenden Personen nur als Täter im Blick
und vergisst zu prüfen, ob sie sich zusätzlich an den Taten der anderen beteiligt haben – durch Beihilfe, Anstiftung oder sogar Mit-
täterschaft. Letztere setzt z.B. gar nicht voraus, dass der Mitttäter
alle für das betreffende Delikt nötigen Handlungen selbst ausführt.

Was wollen wir Ihnen mit dem Aufzeigen dieser vielen Fehlerquel-
len beim Aufspüren von Normen sagen? Es ist nicht so leicht, wie
man denkt, aber: Die Vorschriften stehen in den Gesetzen, die
allesamt einem sinnvollen Aufbau folgen. Die Gesetze haben Sie in
den Prüfungen dabei. Alle Vorschriften können Sie nachschlagen,
keine müssen Sie auswendig kennen. Im Studium lernen Sie nach
und nach viele Vorschriften kennen und bekommen ein immer
besseres Gefühl dafür, wo und wie Sie die Vorschriften schnell
finden können.

---

10 Siehe dazu § 15 StGB: „Strafbar ist nur vorsätzliches Handeln, wenn nicht
    das Gesetz fahrlässiges Handeln ausdrücklich mit Strafe bedroht." Siehe
    auch § 16 Abs. 1 StGB: „Wer bei Begehung der Tat einen Umstand nicht
    kennt, der zum gesetzlichen Tatbestand gehört, handelt nicht vorsätzlich.
    Die Strafbarkeit wegen fahrlässiger Begehung bleibt unberührt".

b) Bestimmung des Verhältnisses der gefundenen Vorschriften zueinander

Hat man alle für die Lösung entscheidenden Vorschriften gefunden, so kann sich darüber hinaus die Frage stellen, wie sich die Vorschriften zueinander verhalten: Sind sie alle nebeneinander (aber nacheinander) anwendbar, verdrängen sich gegenseitig, müssen sie voneinander abgegrenzt werden und wenn ja, wie am überzeugendsten? Hierzu ist Vorlesungs- und Lehrbuchwissen sicher hilfreich. Völlig unrealistisch wäre aber die Vorstellung, alle in Betracht kommenden Kombinationen von Normen vorher durchdacht zu haben. Umso wichtiger ist es, verstanden zu haben, welche Möglichkeiten hierzu *generell* in Betracht kommen und was *allgemein* für und gegen die eine oder die andere Möglichkeit spricht. Das Zusammenspiel der im konkreten Fall relevanten Normen kann (und daher Gott sei Dank auch: muss) man dagegen nicht auswendig gelernt haben. Zu diesem Thema noch mehr im übernächsten Kapitel!

c) Prüfung der gefundenen Vorschriften

Die nächste Aufgabe besteht darin, die einzelnen Voraussetzungen der gefundenen Vorschriften zu prüfen. Das bedeutet: Man geht der Frage nach, ob das im Sachverhalt berichtete konkrete Geschehen die in den Normen abstrakt formulierten Voraussetzungen erfüllt (sog. Subsumtion[11]). Auch hierbei werden viele Fehler gemacht, die sich durch sorgfältiges Vorgehen vermeiden lassen.

Genaue Arbeit am Gesetzeswortlaut
Zunächst müssen Sie sorgfältig mit dem Gesetz arbeiten. Das heißt, das Gesetz genau zu lesen – und dabei auch die Bezüge zu anderen Vorschriften zu erkennen, die man also zusätzlich finden muss (siehe dazu schon oben a)).

Beispiel: § 257 ZPO[12] ermöglicht ausnahmsweise eine Klage auf eine *künftige* Leistung (also eine Klage, die eigentlich gar nicht so dringlich ist), und zwar u.a. dann, wenn es um einen Anspruch auf Räumung eines Raums geht, „der anderen als Wohnzwecken dient." Sind damit also Wohnräume gemeint? Nein, im Gegenteil! Dort

---

11 Von lat. subsumere (klassifizieren; wörtlich: darunternehmen).
12 ZPO = Zivilprozessordnung.

steht ja – man muss eben genau lesen – nicht „anderen *zu* Wohnzwecken", sondern „anderen *als* Wohnzwecken". „Anderen" gehört also zu den „Zwecken" und meint nicht etwa andere Menschen.

Vermeiden lässt sich ein Fehler in diesem Beispiel aber auch, indem man sich fragt, in welcher Variante die Vorschrift einen Sinn ergibt: Soll man wirklich *Wohnraummieter* auf künftige Räumung, also schon „vorsorglich" verklagen können? Oder eher Mieter *von anderen Räumen als Wohnräumen*, also Mieter von Gewerberäumen? Wer braucht hier mehr Schutz? Man muss nicht erst ein paar Semester Jura studiert haben, um auf die Idee zu kommen, dass das Gesetz eher die Mieter von Wohnraum schützen möchte als die Mieter anderer Räume.

Werfen wir noch einen Blick auf eine weitere Vorschrift aus dem BGB: § 108 Abs. 1. Dessen Voraussetzungen lauten: „*Schließt der Minderjährige einen Vertrag ohne die erforderliche Einwilligung des gesetzlichen Vertreters*[13],..." Hier sind in Klausurbearbeitungen zu fast jedem Wort Fehler sehr verbreitet, die – und dies sollten bei Ihrer Entscheidung für oder gegen dieses Studium unbedingt im Auge haben – durch sorgfältiges Vorgehen (also nicht etwa durch Auswendiglernen)[14] allesamt vermeidbar sind:

- Die erste Gefahr besteht schon darin, dass man fälschlich auch unter Siebenjährige einbezieht. Diese sind zwar minderjährig (§ 2 BGB: „*Die Volljährigkeit tritt mit der Vollendung des 18. Lebensjahres ein*"), aber man darf § 106 BGB nicht übersehen. Dort steht: „*Ein Minderjähriger, der das siebente Lebensjahr vollendet hat, ist nach Maßgabe der §§ 107 bis 113 in der Geschäftsfähigkeit beschränkt.*" § 108 BGB meint also nur sieben- bis 17-jährige Minderjährige.[15] Für die unter Siebenjährigen gelten

---

13 Das sind in der Regel die Eltern, siehe §§ 1626, 1626a, 1629 BGB. Warum steht das gerade dort? Das ist Buch 4 des BGB (Familienrecht, §§ 1297–1921 BGB), genauer gesagt dessen Abschnitt 2 (Verwandtschaft, §§ 1589–1772 BGB), und noch genauer gesagt dessen Titel 5 (Elterliche Sorge, §§ 1626–1689b BGB).

14 Dazu noch mehr im übernächsten Kapitel.

15 Weiteres Beispiel: In § 568 Abs. 1 BGB steht: „*Die Kündigung des Mietverhältnisses bedarf der schriftlichen Form.*" Das klingt so, als würde es für jeden Mietvertrag gelten. Orientiert man sich aber im BGB, so stellt man fest:

also offenbar andere Regelungen. Sie ahnen es schon: Diese Gruppe ist in der Geschäftsfähigkeit nicht nur beschränkt, sondern sie ist geschäftsunfähig. So steht es denn auch in § 104 Nr. 1 BGB: *„Geschäftsunfähig ist... wer nicht das siebente Lebensjahr vollendet hat."* Und was das für rechtliche Erklärungen eines solchen, also höchstens sechs Jahre alten Minderjährigen bedeutet, sagt § 105 Abs. 1 BGB: *„Die Willenserklärung eines Geschäftsunfähigen ist nichtig."*

Wie lässt sich der Fehler vermeiden, § 108 Abs. 1 BGB auch auf Minderjährige anzuwenden, die noch keine sieben Jahre alt sind? Am einfachsten dadurch, dass man zumindest alle Überschriften in dem Bereich der angewendeten Vorschrift liest, hier also den Titel „Geschäftsfähigkeit", §§ 104–113 BGB. So bleibt man bestimmt bei den soeben erwähnten, entscheidenden Vorschriften hängen: § 104 BGB trägt die Überschrift „Geschäftsunfähigkeit", § 106 BGB die Überschrift „Beschränkte Geschäftsfähigkeit Minderjähriger".

Oder man macht sich klar, dass der gesetzliche Vertreter in § 108 Abs. 1 BGB nur in Ergänzung zum Minderjährigen auftaucht: Es geht ja nur um die Einwilligung des gesetzlichen Vertreters zu einem von dem Minderjährigen geschlossenen Vertrag. Die Erklärung des Minderjährigen ist also offenbar rechtlich nicht völlig ohne Bedeutung. Das kann aber kaum auch für Zweijährige gelten. Diese Überlegungen führen dazu, dass man sich auf die Suche nach weiteren Vorschriften macht, um zu überprüfen, ob § 108 Abs. 1 BGB mit dem Minderjährigen wirklich alle unter 18-jährigen meint. Und auch so landet man bei §§ 104–106 BGB.

- Weiter muss einem klar sein, dass *nachträgliche* Zustimmungen keine Einwilligungen i.S.d. § 108 Abs. 1 BGB sind. Auch dies muss man nicht auswendig gelernt haben. Wissen muss man nur, dass das Gesetz eine Definition für die Einwilligung

---

§ 568 BGB steht in Kapitel 5 von Untertitel 2, der §§ 549–577a BGB umfasst. Und dieser Untertitel lautet: „Mietverhältnisse über Wohnraum." In einer kürzlich korrigierten Examensklausur wurde § 568 BGB von ca. 40% der Bearbeitungen fälschlich auf die Kündigung eines Geschäftsraummietvertrags angewendet... Solche Mietverträge kann man aber mündlich kündigen – einfach weil es eine Vorschrift wie § 568 Abs. 1 BGB für sie nicht gibt.

vorsieht. Wo sie steht (nämlich in § 183 S. 1 BGB), kann man notfalls im Stichwortverzeichnis nachlesen (und in einigen Bundesländern[16] auch einfach bei § 108 BGB an den Rand schreiben). Und auf die Idee, dass eine Einwilligung nicht auch die nachträgliche Zustimmung erfasst, kann man auch schon durch bloßes Weiterlesen von § 108 Abs. 1 BGB kommen. Dessen Rechtsfolge lautet nämlich: *„so hängt die Wirksamkeit des Vertrags von der Genehmigung des gesetzlichen Vertreters ab"*. Es gibt also offenbar eine weitere Zustimmung, die das Gesetz nicht Einwilligung, sondern Genehmigung nennt. Auch hier kommt man notfalls mit dem Stichwortverzeichnis weiter: Mit Genehmigung ist gerade die nachträgliche Zustimmung gemeint, siehe § 184 Abs. 1 BGB.

- Viele Studenten übersehen in § 108 Abs. 1 BGB außerdem das Wort „erforderlich" bzw. sie meinen, dass es keine eigenständige Bedeutung habe. Die hat es aber. Eine Einwilligung kann also gefehlt haben, aber nicht erforderlich gewesen sein (so dass dann eben nicht alle Voraussetzungen von § 108 Abs. 1 BGB vorliegen und somit seine Rechtsfolge nicht eintritt). Um herauszubekommen, ob eine Einwilligung erforderlich war, muss man wiederum andere Vorschriften finden. So steht etwa in § 107 BGB: *„Der Minderjährige bedarf zu einer Willenserklärung, durch die er nicht lediglich einen rechtlichen Vorteil erlangt, der Einwilligung des gesetzlichen Vertreters."* Und in §§ 112, 113 BGB ist zu lesen, dass (7- bis 17-jährige, siehe § 106 BGB!) Minderjährige in Teilbereichen sogar voll geschäftsfähig sein können. Dann ist eine Einwilligung des gesetzlichen Vertreters natürlich auch nicht erforderlich. Da muss man wachsam sein: Spielt sich der Sachverhalt etwa in einem der beiden von §§ 112, 113 BGB erfassten Teilbereiche ab?

- Die nächste Fehlerquelle in § 108 Abs. 1 BGB ist – man mag es kaum glauben – das Wort „Vertrag". Eigentlich muss man gar nicht Jura studieren, um sich denken zu können, dass eine Anfechtungs-, Kündigungs-, Rücktritts- oder Widerrufserklärung kein Vertrag ist. Trotzdem wird § 108 Abs. 1 BGB sogar noch

---

16   Dort, wo auch das Unterstreichen erlaubt ist, siehe oben Fn. 7.

in Examensklausuren (!) in bestimmt 10 bis 20% der Bearbeitungen auch auf solche Erklärungen angewendet (und damit wird zugleich der nächste Fehler gemacht, nämlich der eigentlich stattdessen einschlägige § 111 BGB nicht gefunden, der sich also mit einseitigen Rechtsgeschäften wie Kündigung oder Rücktritt befasst und der natürlich eine andere Rechtsfolge hat als § 108 BGB). Wie kann so ein Fehler passieren? Vermutlich weil vorher zehn Mal § 108 BGB angewendet wurde (der in Klausuren wirklich häufig Thema ist), noch nie dagegen § 111 BGB, und daher § 108 BGB nicht genau genug gelesen wird – vielleicht *noch nie* genau genug, vielleicht *nicht mehr* genau genug. Jedenfalls dürfte klargeworden sein, dass sich auch dieser Fehler eigentlich leicht vermeiden lässt.

Wenn man Jura studiert, merkt man übrigens recht bald, dass es im BGB kein Einzelfall ist, dass es für einseitige Rechtsgeschäfte wie Kündigung oder Rücktritt Sondervorschriften gibt (siehe neben § 111 BGB etwa §§ 174, 180, 1367 BGB). So wird einem im Laufe des Studiums immer mehr bewusst, dass der Stoff keine Ansammlung von Einzelheiten ist, sondern Ausdruck von gar nicht so vielen Grundsätzen und deren spannungsreichem Verhältnis zueinander. Bei den erwähnten Vorschriften zu den einseitigen Rechtsgeschäften etwa steckt die gemeinsame Idee dahinter, dass Schwebezustände (wie sie sich z.B. bei Anwendung des § 108 BGB anstelle von § 111 BGB ergäben: *„so hängt die Wirksamkeit des Vertrags von der Genehmigung des gesetzlichen Vertreters ab"*) bei einseitigen Rechtsgeschäften (die also im Gegensatz zu Verträgen aus einer einzelnen Erklärung bestehen) unerwünscht sind. Denn solche Rechtsgeschäfte zeichnen sich im Gegensatz zu Vertragsangeboten dadurch aus, dass man den Empfänger der entsprechenden Erklärung vor vollendete Tatsachen stellt: Nämlich die Tatsache eines angefochtenen, gekündigten, widerrufenen Vertrags / eines Vertrags, von dem zurückgetreten wurde. Außerdem werden Sie verstreut über das gesamte BGB z.B. Vorschriften finden, die von dem gemeinsamen Gedanken getragen sind, dass jemand, der etwas kostenlos bekommt, im Gesetz als weniger schutzwürdig behandelt wird, und jemand, der etwas kostenlos gewährt, umgekehrt besonderen Schutz erfährt.

Was wollen wir Ihnen zur genauen Arbeit mit dem Gesetz sagen? Kurz: Es kommt bei den anzuwendenden Vorschriften auf je-

des einzelne Wort an. Hier kann man viele Fehler machen, durch
sorgfältiges Vorgehen aber auch richtig viele Punkte sammeln.

Problembewusstsein
Bei manchen Vorschriften ist schon sprachlich nicht eindeutig zu
beantworten, ob das im Sachverhalt geschilderte Geschehen ihren
Voraussetzungen genügt oder nicht. Das dafür nötige Problembewusstsein zu haben, ist eine weitere Fähigkeit, auf die es in juristischen Klausuren in erheblichem Maße ankommt.

Problembewusstsein braucht man auch, wenn eine Voraussetzung zwar vom Wortlaut her eindeutig zu verneinen ist, nach Sinn
und Zweck der Vorschrift aber doch zu bejahen (sog. Analogie) [17]
oder gerade umgekehrt (sog. teleologische Reduktion). Das bedeutet: Man muss die Vorschrift mit Verständnis prüfen; unreflek-
tiert an ihrem Wortlaut zu kleben reicht nicht aus.

Ein Beispiel: In § 107 BGB steht, wie bereits erwähnt: *„Der Minderjährige*[18] *bedarf zu einer Willenserklärung, durch die er nicht lediglich
einen rechtlichen Vorteil erlangt, der Einwilligung seines gesetzlichen
Vertreters."* Nach dem Wortlaut dieser Vorschrift könnte der Minderjährige ohne Einwilligung seines gesetzlichen Vertreters eine
für ihn rechtlich neutrale Willenserklärung nicht wirksam abgeben
(denn diese ist für ihn rechtlich nicht „nur vorteilhaft"). In § 165
BGB lesen wir nun aber: *„Die Wirksamkeit einer von oder gegenüber
einem Vertreter abgegebenen Willenserklärung wird nicht dadurch beeinträchtigt, dass der Vertreter in der Geschäftsfähigkeit beschränkt
ist."* Warum haben wir soeben „aber" geschrieben? Weil Vertreter
zu sein für den Minderjährigen rechtlich neutral ist: Die Wirkungen
des Geschäfts treffen ja nicht etwa ihn, sondern den Vertretenen
(so ausdrücklich § 164 Abs. 1 S. 1 BGB). § 165 BGB erweitert also für
den Minderjährigen die Möglichkeit, selbst eine wirksame Willenserklärung abzugeben, über § 107 BGB hinaus auf einen Fall, in dem

---

17 Im Strafrecht sind Analogien zu einzelnen Straftatbeständen nach Art. 103
Abs. 2 GG und § 1 StGB allerdings unzulässig, wenn sie zu Lasten des Be-
schuldigten gehen. Andernfalls liefe man Gefahr, eine Straftat zu begehen,
von der im Gesetz nichts zu lesen ist.

18 Gemeint sind nur die 7- bis 17-Jährigen, siehe § 106 BGB und oben bei
Fn. 15 – Sie erinnern sich.

die Willenserklärung für ihn rechtlich neutral ist. Damit stellt sich folgende Frage, die zu entdecken eben von Problembewusstsein zeugt: Enthält § 165 BGB einen allgemeinen Rechtsgedanken für neutrale Geschäfte, so dass in § 107 BGB abweichend von „rechtlich lediglich vorteilhaft" „rechtlich vorteilhaft *oder rechtlich neutral*" zu lesen ist? Zur Antwort siehe sogleich unten d).

Problembewusstsein ist weiter dann gefragt, wenn das im Sachverhalt geschilderte Geschehen so gelagert ist, dass es sich im Grenzbereich zweier benachbarter juristischer Kategorien bewegt. Sie können sich bestimmt vorstellen, dass dies in Klausursachverhalten oft der Fall ist. So sind etwa im Strafrecht die Übergänge zwischen Beihilfe (§ 27 StGB) und Mitttäterschaft (§ 25 Abs. 2 StGB) fließend, ebenso diejenigen zwischen Anstiftung (§ 26 StGB) und der so genannten mittelbaren Täterschaft (§ 25 Abs. 1 Alt.[19] 2 BGB).

Problembewusstsein als Anforderung bedeutet nach alledem: Bei der Prüfung der Voraussetzungen anhand des Sachverhalts muss man wachsam dafür sein, dass sich eine Voraussetzung ggf. schon aus sprachlichen Gründen nicht so leicht bejahen lässt – und auch dafür, dass sie zwar sprachlich klar zu bejahen oder verneinen ist, die Vorschrift ihrem Sinn und Zweck nach aber evtl. trotzdem anzuwenden ist. Außerdem muss man sensibel dafür sein, ob nicht vielleicht eine andere juristische Kategorie als die gewählte in Frage kommt und falls ja, eine (gut begründete, dazu auch gleich im Anschluss unter d)) Abgrenzung vornehmen. Diese Probleme bei der Prüfung zu erkennen und darzulegen, ist ein weiterer wesentlicher Teil der zu erbringenden Leistung.

d) Argumentationsvermögen
Hat man mit dem nötigen Bewusstsein ein Problem identifiziert, dann geht es weiter darum, es mit überzeugenden Argumenten zu lösen.

---

19 Mit „Alt." ist nicht das Gegenteil von „Jung." gemeint, sondern „Alternative". Es gibt in § 25 Abs. 1 StGB also noch eine Alternative, die ebenfalls die Voraussetzungen der Vorschrift erfüllt. Damit klar ist, auf welche der beiden Alternativen man sich bezieht, muss das so genau zitiert werden.

So sind etwa Argumente dafür zu finden, das betreffende gesetzliche Merkmal weit oder aber eng auszulegen oder sogar gegen den Wortlaut zu bejahen (Analogie, siehe oben c)) oder zu verneinen (teleologische Reduktion, siehe oben c)). Auch hier gilt: Man braucht diese Argumente nicht auswendig gelernt zu haben. Vielmehr geht es darum, sich Gedanken zu Sinn und Zweck einer Vorschrift zu machen – und in diesem Zusammenhang eben ggf. auch dazu, dass dieser Sinn und Zweck nicht zu 100% mit ihrem Wortlaut harmoniert (dass eine Vorschrift also angewendet wird, obwohl ihre Voraussetzungen dem Wortlaut nach nicht erfüllt sind oder sie umgekehrt nicht angewendet wird, obwohl ihre Voraussetzungen dem Wortlaut nach vorliegen). Dies wiederum setzt voraus, dass man ein Verständnis dafür entwickelt hat, welche Interessenkonflikte eine zivilrechtliche Vorschrift lösen will, welches Verhalten in einem strafrechtlichen Delikt warum für strafwürdig erachtet wird oder welchen verfassungsrechtlichen Hintergrund z.B. Vorschriften des Baurechts (insb. Art. 14 GG) oder des Versammlungsgesetzes (u.a. Art. 8 GG) haben. Sie sehen also: Gutes Argumentieren lässt sich trainieren, und dafür lässt Ihnen das Studium auch ausreichend Zeit. Je besser Ihre allgemeine Fähigkeit wird zu argumentieren, desto deutlicher werden Sie sehen, dass es gar nicht darum geht, Einzelargumente zu einzelnen Vorschriften und Situationen auswendig zu wissen.

Am Beispiel des oben unter c) erwähnten § 165 BGB: Dieser Vorschrift lässt sich in der Tat der Rechtsgedanke entnehmen, dass der beschränkt geschäftsfähige Minderjährige ganz allgemein, also über den Wortlaut von § 107 BGB und § 165 BGB hinaus, zu rechtlich neutralen Willenserklärungen in der Lage sein muss. Denn §§ 107, 165 BGB lassen in ihrem Zusammenspiel erkennen, dass es dem Gesetz nur darauf ankommt, dass der Minderjährige rechtlich keinen Nachteil erleidet. Ein sachlicher Grund dafür, dass der Gesetzgeber diesen Gedanken auf Handeln des Minderjährigen *als Vertreter* beschränken wollte, ist nicht erkennbar. Damit verstößt es nicht gegen die Bindung des Richters an das Gesetz (Art. 20 Abs. 3 GG; Art. 97 Abs. 1 GG), die Vorschrift entgegen ihrem Wortlaut nicht anzuwenden. Im Gegenteil: Es ist anzunehmen, dass dies im Sinne des Gesetzgebers ist – auch wenn dieser den Wortlaut der Vorschrift auf für den Minderjährigen rechtlich nur vorteilhafte Rechtsgeschäfte beschränkt hat.

In manchen Bundesländern[20] dürfen Sie sich „§ 165 BGB" zur Erinnerung an den Rand von § 107 BGB ins Gesetz schreiben. Damit stoßen Sie dann nicht nur auf diese Vorschrift, sondern erinnern sich vielleicht auch an den in ihr liegenden verallgemeinerungsfähigen Rechtsgedanken der Erweiterung des § 107 BGB auf neutrale Rechtsgeschäfte.

4. Fazit zum Thema „Jura ist anspruchsvoll":

Fassen wir zusammen: Was macht eine Jura-Klausur schwierig?

- Aus der Vielzahl von Vorschriften müssen die richtigen gefunden werden, also diejenigen, die sowohl zu dem im Sachverhalt geschilderten Geschehen passen als auch zu den rechtlichen Folgen, für die sich die Fallfrage interessiert.
- Das Verhältnis der gefundenen Vorschriften zueinander ist zu klären: Verdrängen sie einander? In welcher Reihenfolge sind sie sinnvollerweise zu prüfen?
- Innerhalb der einzelnen Vorschriften darf keine Voraussetzung übersehen werden.
- Es müssen Probleme erkannt werden, die sich bei der Prüfung von einzelnen dieser Voraussetzungen anhand des konkreten im Sachverhalt geschilderten Geschehens ergeben. Mitunter muss man dabei auch überlegen, ob eine Vorschrift mit Rücksicht auf ihren Sinn und Zweck abweichend von ihrem Wortlaut angewendet oder – umgekehrt – nicht angewendet wird, obwohl sie von ihrem Wortlaut her passen würde.
- Die Entscheidung, wie man letztlich vorgeht, ist zu begründen. Es gilt also Argumente zu finden, die dafür und dagegen sprechen, die Voraussetzungen vielleicht eng oder weit auszulegen oder die Vorschrift gegebenenfalls sogar anzuwenden, obwohl ihr Wortlaut dagegen spricht oder sie umgekehrt unangewendet zu lassen, obwohl ihr Wortlaut eigentlich passen würde.

Auf all diesen Stufen kann man Fehler machen, und so summiert sich bei den meisten Klausurbearbeitungen am Ende einiges. Um-

---

20   Siehe oben Fn. 16.

gekehrt ist man ganz vorn dabei, wenn man auf jeder dieser Stufen nur wenig liegenlässt.

5. Konsequenz: Jura studieren heißt ganz maßgeblich, aus Fehlern zu lernen

Sie sehen: In Jura kommt es nicht darauf an, den in Vorlesungen und Lehrbüchern präsentierten Stoff einfach wiederzugeben. Vielmehr muss man in der Lage sein, ihn auf einen konkreten Fall anzuwenden. Durch Mitschreiben in der Vorlesung und Exzerpieren von Lehrbuchinhalten (allein) wird dies nicht gelingen. Man muss vielmehr erleben, wie schwer es ist, gerade diejenigen Vorschriften mit gerade den für die Lösung des konkreten Falles relevanten Problemen und dazugehörigen Argumenten zu finden. Man muss erleben, wie viele Fehler man dabei macht. Dieses Erlebnis hat praktisch jeder, der Jura studiert – also auch diejenigen, die am Ende ein hervorragendes Examen schreiben. Weil man das alles erst nach und nach verinnerlichen kann, ist ein Jurastudium eben keine kurze Rechtskunde-Ausbildung, sondern ein relativ langes akademisches Studium. Die gute Nachricht: Am Ende können Sie juristisch denken und argumentieren. Diese Fähigkeiten kann Ihnen niemand mehr nehmen – egal, was Sie später vorhaben.

Wie fühlt sich diese Aussicht für Sie an? Entfacht das bei Ihnen sportlichen Ehrgeiz? Oder erscheint Ihnen das Jura-Studium jetzt schon als erdrückende Last? Empfinden Sie das als Denksport oder fühlen Sie sich gegängelt? Interessiert es Sie, wie es zu den einzelnen Fehlern kommen konnte? Warum also habe ich z.B. von den 20 relevanten Vorschriften nur acht gefunden? Wie hätte ich die weiteren zwölf finden können? Woran liegt es, dass mir hierfür jeweils der Blick gefehlt hat? Habe ich ganze Gesetzbücher übersehen, in denen sie stehen, oder ganze Abschnitte innerhalb eines Gesetzesbuches? Habe ich mir nicht klargemacht, worum es der Vorschrift innerhalb des Rechtsgebiets oder sogar, worum es dem betreffenden Rechtsgebiet innerhalb der Gesamtrechtsordnung geht, welche Wertungen also jeweils dahinterstehen? Habe ich das Verhältnis zweier relevanter Vorschriften zueinander zu klären vergessen oder keine Ideen gehabt, wie dies geschehen könnte? Habe ich Vorschriften, die ich gefunden habe, nicht genau genug oder schlicht nicht zu Ende gelesen? Habe ich sie missverstanden? Hätte ich diesen Fehler mit Sprachtalent und/oder mit Verständnis für die Vorschrift, also letztlich für die in ihr verhandelte Gerechtigkeitsfrage, vermeiden können? Habe ich sie zwar genau gelesen, aber nicht gemerkt, dass das betreffende Merkmal nach dem Sachverhalt doch nicht so leicht zu bejahen oder zu verneinen war („Problembewusstsein")? War mir das zwar alles bewusst, doch sind mir keine überzeugenden Argumente für die eine oder die andere Position eingefallen? Wie hätte ich die Argumente finden können? Vielleicht dadurch, dass ich mir die Wertungen klarer gemacht hätte, von denen die Vorschrift getragen ist? Oder dadurch, dass ich ein Argument besser auf mögliche Einwände hin hätte durchdenken sollen (die sich typischerweise ebenfalls aus den Grundgedanken der Vorschrift entwickeln lassen)? Hätte ich so recht leicht das entscheidende Gegenargument gefunden?

Wenn Sie sich vorstellen können, mit solchen Fragen viel Zeit zu verbringen, dann scheint uns – wenn sich für Sie nicht aus anderen Kapiteln dieses Buches der gegenteilige Entschluss verfestigt – das Jura-Studium samt dem Ersten Juristischen Staatsexamen eine wirklich interessante Option zu sein. Ist das nicht so, dann würden wir Ihnen eher abraten. Denn dann dürfte die Gefahr zu groß sein, dass Ihnen dieses Studium keine Freude macht, sondern zur bedrückenden Last wird (näher dazu auch das folgende Kapitel). Wie eingangs erwähnt, stehen Ihnen aber auch mit schlechteren Ergebnissen in den beiden Examina einige juristische Berufe offen, darunter auch der Anwaltsberuf. Und ebenso wie es Absolventen mit brillanten Abschlüssen gibt, die im Beruf in ihren Akten versinken, weil sie vor lauter Genauigkeit und Zweifeln nicht weiterkommen, ist der umgekehrte Fall anzutreffen: Juristen, die sich durch ihr Studium eher gequält haben, im Beruf dann aber richtig aufblühen – und somit nicht nur wirtschaftlich erfolgreich sein können, sondern von ihrer Arbeit vor allem – und das dürfte noch viel wichtiger sein – persönlich sehr erfüllt sind.

Schon in diesem Kapitel ging es an mehreren Stellen ums (Nicht-) Auswendiglernen im Jurastudium. Dieses Thema möchten wir im übernächsten Kapitel gemeinsam mit Ihnen noch ein wenig vertiefen.

Kapitel 9

Das Haar in der Suppe, das Wasser im Wein, die Kröte, die es zu schlucken gilt

oder: Noch ein paar Worte zur Ersten Juristischen Prüfung

Zuerst wollten wir von der Ersten Juristische Prüfung hier nur ganz wenig berichten: Sie ist zu weit weg vom gedanklichen Horizont derer, die sich für oder gegen das Studium des Rechts entscheiden, und zu bedrohlich vielleicht auch. Die Leser der 1. Auflage haben das beanstandet, zumal die mit halbwegs frischem Examen. Stimmt: Man kann nicht vom Studium und vom Beruf reden, aber von der Prüfung weitgehend schweigen. Wir tragen daher das Folgende nach.

Die Erste Juristische Prüfung ist auf weiten Strecken eine Zumutung. Einiges von der Kritik an der hiesigen Juristenausbildung kristallisiert sich genau hier. Das dürfte kein Zufall sein. Wer in den richtigen/falschen Internetforen liest, was so über das Examen zu sagen ist, wird vielleicht von vornherein vom Plan, Jura zu studieren, ganz Abschied nehmen. Das wäre schade.

Wie die Prüfung aussieht, wissen Sie noch aus Kapitel 5. Beginnen wir daher hier mit ein paar Zahlen: Zur Prüfung treten etliche Studenten gar nicht mehr an: 35% oder 38% (je nach Zählung) der Studienanfänger brechen das Studium ganz ab. Hinzu kommt eine statistisch nicht ausgewiesene Zahl von Studiengangswechslern. Von denen, die zur Prüfung antreten, bestehen im Durchschnitt gut zwei Drittel im ersten Anlauf. Die Schwankungen sind erheblich: Die Nichtbestehensquote kann schon mal in zwei benachbarten Bundesländern bei 11% und bei 46% liegen. Es kommen Prüfungstermine vor, in denen unter den Kandidaten aus einer Universität 61% schon den Klausurteil nicht bestehen und weitere 17% nur ein „ausreichend" bekommen. Das ist zwar eher die Ausnahme als die Regel, aber man kann verstehen, dass Studenten solche Zahlen als besorgniserregend wahrnehmen. Im Durchschnitt erzielen die Teilnehmer im Klausurteil ein „ausreichend". Bezogen auf den gesamten staatlichen Teil ist es ein gehobenes „ausreichend" (etwas über 6 Punkte).

Im mündlichen Prüfungsteil geht glücklicherweise fast nichts mehr schief; im Gegenteil verbessern sehr viele Kandidaten hier den bisher erreichten Notendurchschnitt. Wer im ersten Anlauf Pech hatte, schafft es dann ganz überwiegend im zweiten Anlauf, nur 5% bestehen im Schnitt endgültig nicht. Einzelne Bundesländer führen jetzt für diese Fälle einen „Rückfallbachelor" ein. Eine statistisch nicht ausgewiesene Zahl von Kandidaten unternimmt den zweiten oder dritten Anlauf gar nicht mehr (Schätzungen sprechen von 4–6%).

Ein Drittel der Kandidaten schafft es, die Freiversuchsregelung mitzunehmen. Diese sind überdurchschnittlich erfolgreich; unter ihnen bestehen zuletzt 80% im ersten Anlauf.

Die in manchen Bundesländern gebührenpflichtige Möglichkeit zur Notenverbesserung in einem weiteren Prüfungsversuch nutzen etwa 15% der Teilnehmer; auch in dieser Gruppe bestehen (folgenlos) gut 30% nicht; 15% verbessern sich nicht. Die erfolgreichen Kandidaten verbessern sich im Schnitt um knapp anderthalb Notenpunkte; bei den meisten reicht das für einen Sprung in die nächstbessere Notenstufe.

Die Noten sind – wie erwähnt – ernüchternd, liegen aber mit den Noten während des Studiums auf einer Linie. Anderes gilt für die Noten im universitären Teil, die deutlich besser ausfallen. Im Durchschnitt kommt hier ein „vollbefriedigend" heraus. Das mag auf die höhere Motivation der Teilnehmer im selbstgewählten Schwerpunktbereich zurückzuführen sein, vielleicht auch auf die größere Nähe zwischen Kandidaten und Prüfern, die sich oft aus vorangegangenen Seminaren kennen, und nicht zuletzt auf die übersichtlichere Stoffmenge. Schwer belegbaren, aber hartnäckigen Gerüchten zufolge rechneten daher manche Arbeitgeber in der Vergangenheit in Bewerbungsverfahren die universitären Anteile aus der Gesamtnote wieder heraus. Das können sich die wenigsten heute noch leisten, weil Juristen knapp werden. Folglich sinken die Notenanforderungen bei der Anstellung. Die Forderung nach Verringerung des Anteils der universitären Note am Gesamtergebnis auf nur noch 20% hat sich bisher nicht durchsetzen können. Die Nichtbestehensquote im universitären Teil ist winzig. (Und überhaupt wird hier aus studentischer Perspektive nur wenig kritisiert, am ehesten wegen der eingeschränkten Vergleichbarkeit der Ergebnisse angesichts der teils doch recht unterschiedlichen Prüfungsanforderungen.)

Kurz zusammengefasst: Von gut 20.000 Studienanfängern jährlich – diese Zahl ist seit einer Weile ziemlich stabil – bleiben acht Jahre später etwas weniger als 8.000 doppelt examinierte Volljuristen jährlich übrig. Soweit die Zahlen.

Fast jeder, den man fragt, hat ein paar eigenartige Dinge von der Prüfung zu berichten (probieren Sie's ruhig mal aus...). Die einen nehmen als Erinnerung abheilende Karpaltunnelsyndrome und Sehnenscheidenentzündungen aus der Prüfung mit, die anderen brauchen vorübergehend oder dauerhaft die eine oder andere Droge (die meisten Medikamente wegen möglicher psychischer Beeinträchtigungen sind verschreibungspflichtig, aber legal) oder einfach eine Psychotherapie. Eine große Gruppe von Teilnehmern verlässt die Prüfung ohne erkennbare Schäden Richtung Referendariat.

In der subjektiven Wahrnehmung der Beteiligten macht das Examen einen unterschiedlichen Eindruck. Je weiter es zurückliegt, desto harmloser wird es im Rückspiegel. Je besser das eigene Ergebnis ausgefallen ist, desto mehr neigt man dazu, es für eine aussagekräftige Prüfung zu halten. Wer diejenigen fragt, die gerade mit beiden Füßen im Sumpf stecken, bekommt ziemlich skeptische Antworten. Nicht ganz wenige Leute tragen Narben und Traumata davon, die nie so ganz verschwinden. Deren Zahl ist nicht leicht zu ermitteln, aber erste Studien deuten darauf hin, dass psychische Beeinträchtigungen durch das Studium nicht nur ein winziges Randphänomen sind. Über Psychotherapien und – angeblich – leistungssteigernde oder -stabilisierende Medikamente wird eher zurückhaltend gesprochen; Untertreibungen sind ebenso wenig auszuschließen wie Übertreibungen.

Ob die Erste Prüfung mit der Konzentration auf Klausuren und mündliche Befragungen im staatlichen Teil ein auch nur ansatzweise geeignetes Prüfungsformat abgibt, das die für juristische Berufe wichtigen Talente und Wissensbestände sinnvoll misst und bewertet, ließe sich mit einigen Argumenten bezweifeln. Naheliegend wäre es, mehr Prüfungsformate zu berücksichtigen. (Lange gab es eine mehrwöchige Hausarbeit, die mit etwa einem Drittel in die Note einging; begründet wurde deren Abschaffung nicht etwa mit dem Arbeitsaufwand beim Benoten, sondern mit der Verhinderung drohender Täuschungsversuche.) In den Klausuren ist die Richterperspektive nach wie vor ziemlich dominant; vereinzelt sind Fragen aus Anwaltsperspektive hinzugetreten („Beraterklausuren"), oft aber nur in Gestalt einzelner Zusatzfragen. Man tut gut daran, früh seinen Frieden damit zu machen, dass das Examen nur ziemlich entfernt das abprüft, was anfangs mal der Grund für die Wahl des Jurastudiums war.

Die Prüfungsregeln und die zahlreichen Einzelheiten der praktischen Durchführung der Prüfungen werden in Widerspruchs- und verwaltungsgerichtlichen Verfahren immer wieder angegriffen, die Kandidaten zwecks Verbesserung der erzielten Noten (meist unterstützt durch einschlägig spezialisierte Rechtsanwälte) führen. Die Gerichte halten die Prüfungsregeln für rechtlich unbedenklich und insbesondere konform mit Art. 12 I GG (Berufsfreiheit) und Art. 3 GG (Gleichheitssatz). Gleichwohl lässt sich leicht eine längere Liste von unnötig strengen Regeln und praktischen Handhabungen aufstellen, die den Kandidaten das Leben schwer machen.

Trotz aller berechtigten Kritik sind in absehbarer Zukunft keine substanziellen Veränderungen zu erwarten. (Schon die bevorstehende Einführung von Computern für das Klausurenschreiben hat einen jahrzehntelangen Vorlauf gebraucht.) Man sollte deshalb das Examen in seiner bisherigen Form als feste Größe einkalkulieren. Wer heute ein Jurastudium aufnimmt und einen der klassischen Juristenberufe ergreifen will, muss da durch. Und wer von Anfang an ernsthaft und mit effektiven Methoden studiert, sollte an der Prüfung nicht scheitern. Deshalb betonen wir die Bedeutung von Haltungsfragen und von Lerntechniken hier so nachdrücklich.

KAPITEL 10

„Auswendig lernen macht inwendig leer"
oder: Lernen Jurastudenten alles auswendig?

Eines der Vorurteile über das Jurastudium ist, dass man irrsinnig viel stumpf auswendig lernen müsse und die armen Jurastudenten schier darüber verzweifelten, welche gewaltigen Textmengen sie in ihre Köpfe hineinbekommen müssten. Dieses Kapitel versucht, dieses Bild einzuordnen und in einen sinnvollen Kontext zu setzen. Wie schon aus dem Zitat von *Peter F. Keller* in der Überschrift hervorgeht, lernt der Mensch schließlich nicht so richtig gern auswendig, schon gar nicht ganz große Mengen.

Ganz ausräumen können wir das Vorurteil guten Gewissens nicht. Wer behauptet, man müsse als Prüfling nur alles verstanden und keinen durchaus erheblichen Bestand an gelerntem Wissen parat haben, kennt aus unserer Sicht die Realität juristischer Prüfungen nicht. Allerdings betrifft das auswendig zu Lernende eben nicht die Gesetzestexte, sondern eher andere Fachinformationen, und auch diese in deutlich geringerem Umfang, als viele denken oder befürchten. Zudem gilt der Hinweis auf eine erhebliche Menge an Lernstoff für sehr viele Studienfächer: Am Ende des Studiums sollte man für sein Fach eine Menge an Expertise und damit auch an Fachwissen angesammelt haben und in der Lage sein, damit auf hohem professionellen Niveau umzugehen (dazu auch oben Kapitel 6).

1. Gesetzestexte hat man dabei,
aber nicht (zwingend) im Kopf

Ein echtes Vorurteil allerdings kann man vorweg ausräumen: Die nackten Gesetzestexte sind etwas, das man in einem Jurastudium *nicht* auswendig lernen muss. Das liegt schlicht daran, dass in allen Prüfungen bis zum Ende des Studiums Sammlungen von Gesetzestexten die einzigen zugelassenen Hilfsmittel sind. Man erkennt daher vor allem fortgeschrittene Jurastudenten oft daran, dass sie sehr dicke Bücher mit sich herumtragen. Diese beherzigen den oft gehörten Tipp, sich schon vor der Pflichtfachprüfung das Arbeiten mit den Gesetzessammlungen anzugewöhnen, die man dort auch verwendet. Das hat Nebeneffekte, weil die immer noch populärste Sammlung[1] aktuell immerhin 4730 Seiten Dünndruckpapier umfasst (zum Vergleich: Eine Bibel hat in einer Fassung von 2017 gut 1350 Seiten) und deswegen im Handel mehr oder weniger stylische Tragetaschen dafür angeboten werden. Steht neben Ihnen also jemand an der Ampel, der einen schwer aussehenden Quader von ca. 20x16x12 cm in einem Trage- oder Umhängetäschchen schleppt, studiert die Person mit hoher Wahrscheinlichkeit Jura (und ist auf dem Weg in die Bibliothek/Vorlesung/zur Lerngruppe o.ä.).

Diese Sammlung (und noch einige weitere – zur Pflichtfachprüfung gehen die meisten mit einem Rollkoffer) hat man in den Prüfungen vor sich auf dem Tisch stehen. Deswegen muss man ihren Inhalt gerade nicht auswendig lernen. Vielmehr müssen Studenten den richtigen Umgang mit diesen Büchern einüben, damit sie schnell und halbwegs zuverlässig das finden, was sie gerade brauchen. Man muss sich also mit der Systematik des Gesetzes vertraut machen. Auch dies ist eine Fähigkeit, die man während des Studiums erlernt und einübt, aber das ist nicht so mühsam wie das Auswendiglernen von Texten.

2. Was ist dann der Lernstoff?

Leider heißt das aber nicht, dass Jurastudenten nicht eine Menge Stoff und auch eine Menge kleinteiliger Einzelinformationen lernen müssten. Ein Teil davon sind tatsächlich wie Vokabeln auswendig gelernte feste Formulierungen oder Daten. Das hat damit zu tun, dass der Wortlaut des Gesetzes zwar der Ausgangspunkt der juristischen Bearbeitung von Fällen ist – und das bildet die so stark überwiegende Prüfungsform, dass diese alles andere völlig überlagert. Allerdings ist in fast allen Prüfungen die eigentliche Frage, was der Gesetzeswortlaut für gerade diesen Fall bedeutet. Dafür braucht es oft Informationen zum Verständnis von Normen und deren Begriffen in Rechtsprechung und Schrifttum.

---

[1] *Habersack* (vormals *Schönfelder*), Deutsche Gesetze. Sammlung des Zivil-, Straf- und Verfahrensrechts, 192. Auflage 2023.

Hierzu ein Beispiel aus einer Anfängerveranstaltung im Strafrecht: § 303 Strafgesetzbuch (StGB) stellt es unter Strafe, eine
fremde Sache zu beschädigen oder zu zerstören. Lässt man nun
die Luft aus allen vier Reifen eines Autos (ohne die Reifen zu zer-
schneiden – das wäre sicher eine Beschädigung der Substanz der
Reifen), hat man dann die Reifen oder auch das Auto (als sogenannte zusammengesetzte Sache) beschädigt? Die Frage war immerhin kompliziert genug, um für einige Jahre zu einer erheblichen Kontroverse unter Fachleuten zu führen. Man kann nämlich
unter „beschädigen" einerseits ausschließlich verstehen, dass in
die Substanz der Sache eingegriffen und diese verändert, also die
„Integrität" des Gegenstands verletzt wird. Dann ist das Ablassen
von Luft aus den Reifen keine Beschädigung, denn diese sind ja
intakt, nur platt. Auch das Auto als Gesamtsache ist dann nicht
beschädigt, weil seine Substanz nicht verletzt wurde.

Stellt man dagegen (auch) auf die „bestimmungsgemäße
Brauchbarkeit" der Sache ab, so kommt man zwanglos dahin,
dass zumindest ein Auto, bei dem alle vier Reifen platt sind, nicht
mehr ohne Weiteres als Fahrzeug dient, so dass diese Brauchbarkeit aufgehoben und das Kfz beschädigt ist (während die Reifen
selbst grundsätzlich immer noch brauchbar bleiben, denn sie
können ja wieder aufgepumpt werden).[2]

Das Beispiel zeigt, dass der Gesetzestext selbst für Juristen
auslegungsbedürftig und oft uneindeutig ist. Das Jurastudium besteht großteils daraus, nicht den Text, sondern die (möglichen)
Bedeutungen des Gesetzes kennenzulernen, sie mit Bezug zu
den jeweiligen Beispielsfällen zu verstehen und anwenden zu lernen. Dabei muss man auch nicht alle denkbaren Deutungen und
damit verbundenen fachinternen Streitigkeiten auswendig lernen.
Das wäre auch erheblich schlimmer als den Gesetzestext selbst.
Zur Veranschaulichung: Eine Textausgabe des Bürgerlichen Gesetzbuches (BGB) hat als Taschenbuch gut 570 Seiten, der ver-

---

2   Wer nachlesen möchte: So hat der Bundesgerichtshof am 14.7.1959 ent-
    schieden. Und da das bis heute die Rechtsprechung prägt, lernen Jura-
    studenten dies nach wie vor. Wer bei der Suchmaschine eigener Wahl das
    Aktenzeichen „1 StR 296/59" als Suchbegriff eingibt, kommt direkt zum
    Text dieses Urteils.

breitetste *Kurz*kommentar zum BGB[3] umfasst 3309 Seiten in einem größeren Format und wesentlich engerem Schriftbild (und zudem unter Benutzung einer Menge von Abkürzungen, die das Lesen ebenfalls zu einer eigenen Fachkompetenz machen, die man erst im Studium erwerben muss).

Glücklicherweise muss man dies auch bei Weitem nicht auswendig können in dem Sinne, die Formulierungen richtig wiedergeben zu können. Vielmehr ist es das Ziel des Studiums, die Materie so weit zu verstehen und zu durchdringen, dass man sich die wesentlichen Fragen eines Falles ad hoc selbst erarbeiten kann. Allerdings gibt es ein mehr oder weniger festes Set an Standardbegriffsdefinitionen und anderen Nebeninformationen aus den Kernbereichen der Fachsäulen Zivilrecht, Öffentliches Recht und Strafrecht, von denen erwartet wird, dass man sie am Ende des Studiums beherrscht.

a) Definitionen

Dabei sind vor allem Definitionen der im Gesetz verwendeten Begriffe etwas, von dem viele Studenten annehmen, man müsse sie auswendig lernen. Vor allem muss man aber die Standarddefinitionen inhaltlich verstehen, bevor man sie als fertige Formulierungen erlernt. Denn sie werden nicht einfach in der Weise abgefragt, dass man sie herunterbeten kann. Vielmehr muss man ihren Inhalt verständig mit dem Sachverhalt eines Prüfungsfalls verbinden können. Das ist kein reines Auswendiglernen mehr, sondern der Erwerb von Anwendungswissen.

Die eigentliche Arbeit besteht also darin, diese Definitionen mit den Prüfungsfällen zu verbinden und zu erfassen, wie dann die jeweilige Norm auf den Fall angewendet wird. Hat man sich diese Kompetenz erarbeitet, ist es allerdings hilfreich, die Standardformulierungen tatsächlich zu kennen – sie helfen dann, sich auch an den Anwendungskontext zu erinnern und die Normen auf den Prüfungsfall plausibel anzuwenden. Und jetzt kommt die gute Nachricht: Man verwendet diese Definitionen in Übungsfällen immer wieder, noch einmal verstärkt in der langen Lernphase vor der Ersten Prüfung, so dass man sie sich oft weitgehend

---

3   *Grüneberg* (vormals *Palandt*), Bürgerliches Gesetzbuch: BGB, 82. Auflage 2023.

schon „im Vorbeigehen" einprägt, ohne sie spezifisch pauken zu müssen. Wenn man die Definitionen ohne Verständnis paukt, was einige künftige Prüflinge tatsächlich tun, geht das meist schief, da die Anwendung misslingt.

b) „Dogmatik"

Leider gibt es immer wieder Gesetzestexte, die sich nicht unmittelbar anwenden lassen, weil entscheidende Zusatzinformationen fehlen oder weil sie derart ungenau und weit gefasst sind, dass sie sich ohne weitergehende begriffliche Ausdifferenzierungen nicht anwenden lassen. So spricht § 242 des Bürgerlichen Gesetzbuches (BGB) von „Treu und Glauben", die §§ 138 BGB, 228 StGB[4] sprechen von den „guten Sitten". Solche sogenannten „Generalklauseln" zeichnen sich dadurch aus, dass sie vom Wortlaut her sehr viele sehr verschiedene Fallgestaltungen erfassen können. Studenten müssen erlernen und für sich ordnen, welche Fallgruppen anerkannt sind und deswegen auch in einem Prüfungsfall zur Anwendung dieser Normen führen können. Aber wenn man die Fallgruppen gut durchdacht und verstanden hat, wird man sie nicht mehr auswendig lernen müssen.

Genauso gibt es Normen, bei denen der Gesetzestext nicht alle Einzelmerkmale enthält, die man eigentlich braucht, um die Vorschrift anwenden zu können. So wird etwa der Tatbestand des Betrugs in § 263 StGB (der hier relevante Teil der Formulierung lautet: *„Wer [...] das Vermögen eines anderen dadurch schädigt, dass er durch Vorspiegelung falscher oder durch Entstellung oder Unterdrückung wahrer Tatsachen einen Irrtum erregt oder unterhält, wird [...] bestraft"*) von der Rechts- und Lehrpraxis so umgestellt, dass er zwar besser anzuwenden ist als der etwas verunglückte Gesetzestext. Vor allem lernen Studenten, dass die *„Vorspiegelung falscher oder Entstellung oder Unterdrückung wahrer Tatsachen"* zusammengefasst wird in dem einfachen Wort „Täuschung". Der Tatbestand wird aber auch um ein zusätzliches Merkmal ergänzt: Alle Fachleute sind sich einig, dass ein Irrtum eines Betrugsopfers allein nicht zu einer Schädigung seines Vermögens führen kann. Viel-

---

4   Noch so eine Besonderheit der Fachsprache: Setzen Juristen mehrere Paragraphen hintereinander, kündigen sie diese Mehrzahl dadurch an, dass das Paragraphenzeichen verdoppelt wird: „§§" statt „§".

mehr muss das Opfer wegen dieses Irrtums selbst eine schädigende *Vermögensverfügung* vornehmen. Diese wird allgemein als notwendiges Merkmal eines Betrugs anerkannt, steht aber nicht im Gesetzestext. Auch dies – und eine Reihe paralleler Probleme – muss von den Studenten also gelernt werden.

Hier gilt: Man muss diese Gedankengänge erst einmal verstehen, sonst kann man sie sich kaum merken. Hat man sie verstanden, muss man meist auch keine Formulierungen mehr pauken, weil man sich und anderen erklären kann, worum es geht. Trotzdem hat man so Fachwissen erworben, also etwas gelernt. Zudem macht es sich gut, wenn man in Prüfungen die richtigen Fachbegriffe verwendet. Man kann daher nicht ganz auf auswendig gewusste Formulierungen verzichten.

Schließlich gibt es eine ganze Reihe von Normen, bei denen sich zu eigentlich offenen Begriffen feste Grenzwerte etabliert haben: § 316 StGB spricht davon, dass der Täter „infolge des Genusses alkoholischer Getränke [...] nicht in der Lage ist, das Fahrzeug sicher zu führen". Dass dies bei einer Blutalkoholkonzentration von 1,1 ‰ immer anzunehmen ist (man spricht von „absoluter Fahruntüchtigkeit"), steht aber nicht im Gesetz, sondern stammt aus der Rechtsprechung und muss ebenso auswendig gewusst werden wie die Grenze von 3 ‰ für eine Schuldunfähigkeit nach § 20 StGB oder bestimmte Wertgrenzen (etwa beim Diebstahl geringwertiger Sachen). Dies alles sind tatsächlich auswendig zu lernende Informationen, wobei deren Umfang am Ende überschaubar bleibt.

c) Aufbaufragen

Umfangreicher sind dagegen „Lernportionen", bei denen es gar nicht um die unmittelbare Normanwendung geht, sondern eher um die Frage, was man wann und in welcher Reihenfolge erörtert. Die Rede ist von Prüfungsschemata, also von Aufbauregeln und Checklisten der zu prüfenden Normvoraussetzungen samt deren Reihenfolge. Diese sollen helfen, in der Fallbearbeitung keine wichtigen Fragen zu vergessen.

Es ist eine spezifische Art der Problembehandlung, die juristisches Arbeiten kennzeichnet: Man zerlegt Fälle, aber auch problematische Gerechtigkeitsfragen, so lange in kleine Einzelfragen, bis man diese zumindest unter Fachleuten halbwegs rational diskutieren und sich dann wieder Schritt für Schritt zu einer Gesamtlösung durcharbeiten kann. Dafür müssen Juristen sich nicht nur auf die einzelnen relevanten Teilfragen verständigen, sondern auch darauf, in welcher Reihenfolge man diese sinnvollerweise anspricht. Damit man diese Verständigungen nicht immer wiederholen muss, einigt man sich auf relativ stabile Checklisten, die nicht nur die für eine Fallbearbeitung regelmäßig wichtigen Einzelfragen benennen, sondern diese auch sortieren.

Diese sogenannten Schemata helfen Studenten wie später den in der Praxis tätigen Juristen, in einem zumindest für Fachleute verständlichen rationalen Rahmen Fälle „durchzuprüfen", ohne wichtige Punkte zu vergessen. Die Endergebnisse werden dabei so begründet, dass es möglich ist, Diskussionen zielgerichtet zu führen und möglichst wenig aneinander vorbei zu argumentieren. Damit gehören diese Schemata zum notwendigen Handwerkszeug für Studenten, kurz gesagt also zum Lernstoff.

Ähnlich wie bei den Definitionen verbringen viele Studenten viel Zeit damit, solche Schemata wörtlich auswendig zu lernen (wie Gedichte in der Schule) – nach unserem Eindruck oft zu viel Zeit: Auch hierbei handelt es sich eigentlich um Anwendungswissen, das nicht als solches abgefragt, sondern das in einer Prüfung auf einen Fall angewendet wird. Man muss also zunächst einmal verstehen, was dabei in eben dieser Reihenfolge untersucht wird. Hat man dies verstanden und erschließen sich mit der Zeit die Prinzipien, nach denen diese Schemata aufgebaut sind, muss man sie immer weniger als Textlisten auswendig lernen, weil man sie sich in der Prüfung direkt zusammenstellen kann. Es schadet als Erinnerungshilfe nicht, Schemata zu kennen, ein eigenständiges Lernziel ist aber, sie verwenden zu können.

3. Was heißt das für die eigene Studienentscheidung?

Ein Jurastudium ist ohne Zweifel lern- und damit auch zeitintensiv. Die Stoffmenge ist erheblich und sehr ausdifferenziert. Hinzu kommt die Besonderheit einer Abschlussprüfung, für die man den Stoff des Studiums „auf einmal" parat haben muss – dazu an anderer Stelle mehr (Kapitel 8). In einem Jurastudium gibt es auch eine gewisse Menge an Stoff, den man tatsächlich auswendig lernt. Allerdings ist diese Menge deutlich kleiner, als das in der Überschrift anklingende Vorurteil nahelegt. Und sie sind sicher nicht größer als auswendig zu lernende Stoffmengen in anderen Studiengängen.

Auch ist der Stoff, den man lernen muss, nicht abstrakter oder lebensferner als in anderen Studiengängen. Die Prüfungen sind ganz überwiegend fallorientiert. Das macht Jura viel stärker als oft vermutet zu einem anwendungsorientierten Studiengang mit vielen Bezügen zur eigenen Lebensrealität oder zumindest zu realen Situationen und Konflikten, um deren (gesetzes- und interessen-) gerechte Bewältigung es in diesem Fach letztlich geht.

Hat man sich überhaupt dazu entschieden, studieren zu wollen, muss man einkalkulieren, dass dies – wie der Begriff Studium ja schon ankündigt – damit verbunden ist, vieles, auch viel Kompliziertes, in begrenzter Zeit zu erlernen. In dieser Hinsicht ist das Jurastudium keine Ausnahme, aber auch kein heftiger Ausreißer nach oben. Das Problem beim Jurastudium ist weder die Menge des Stoffs noch die Art, wie man diesen erlernen muss, sondern die schon erwähnte Tatsache, dass dieser dann nach vollständig absolviertem Studium auf einen Schlag komplett und auf hohem Niveau abgeprüft wird. Aber man hat auf dem Weg dorthin mehrere Jahre Zeit, sich die notwendigen Kenntnisse und Fähigkeiten zu erarbeiten. Das Fachwissen muss man dabei verstehen, nicht als Begriffe pauken. Wirklich auswendig Gelerntes hat nur im Zusammenhang mit diesem Anwendungskontext einen Sinn. Und die Praxis des Jurastudiums zeigt auch: Die Vorbereitung auf diese Prüfung ist schwierig, aber machbar (siehe dazu Kapitel 8).

Dass das Studium mitsamt Examen gerade dann besonders gelingen kann, wenn man sich mit anderen zusammentut und gute Freundes- und Lernkreise bildet, beleuchtet das Folgekapitel.

Kapitel 11

Only the Lonely?
oder: Ist Jura ein Fach für konkurrenzbewusste Einzelkämpfer?

Das Jurastudium wird von vielen als besonders wettbewerbsorientiert beschrieben (dazu schon Kapitel 6). Man brauche „spitze Ellenbogen", um sich gegen die konkurrierenden Mitstudenten durchzusetzen. Es gehe immer darum, „besser als die anderen" zu sein, jeder kämpfe letztlich nur für sich selbst. Das empfinden viele Studenten so, und gleichzeitig empfinden sie das auch als problematisch und unangenehm.

Gleichzeitig wird man beim Übergang von der Schule an die Hochschule mit den Zumutungen der Massenuniversität konfrontiert: In Einstiegssemestern tummeln sich meist mehrere hundert Menschen, die große Hörsäle komplett füllen. Den Lehrenden wird (oft nicht zu Unrecht) unterstellt, sie nähmen die Zuhörer nicht als Einzelpersonen, sondern als anonyme Masse wahr. Es kann geschehen, dass Sie von Ihren Dozenten das erste Mal beim Namen angeredet werden, wenn Sie in der mündlichen Prüfung des Examens sitzen. Natürlich kann man auch in dieser Hinsicht gegensteuern. Wer in zwei Seminaren gute Beiträge leistet oder in der Vorlesung Fragen stellt und beantwortet, wird irgendwann wahrgenommen. Fast immer: positiv. Eines Tages bekommen Sie eine E-Mail vom Lehrstuhl mit der Anfrage, ob Sie nächstes Semester ein Tutorium halten wollen – und schon haben Sie Ihre erste Hilfskraftstelle.

Selbst in Kleingruppenformaten wie Tutorien, in denen die Gruppe meist nicht größer ist als eine Klasse im Gymnasium, kennen die Leiter (oft wissenschaftliche Mitarbeiter von Lehrstühlen, je nach Standort auch fortgeschrittene Studenten), die Namen der Einzelnen oft nicht. Ob man anwesend ist, wie gut man persönlich mitkommt, ob man den Stoff richtig verstanden hat – all dies fragt niemand, und es scheint auch niemanden zu interessieren. Diese Anonymität hat auch Vorteile, denn Stadtluft macht frei, aber eben nicht nur Vorteile. Sie müssen sich selbst darum kümmern, nicht knapp fünf Jahre lang ganz allein zu sein.

Das alles mag dazu beitragen, dass man sich im Wortsinn allein gelassen fühlt und dementsprechend denkt, es gehöre zum Studium dazu, sich allein und gegen die widrigen Umstände „durchkämpfen" zu müssen. Dabei gibt es gegen diese gefühlte Einsamkeit in der anonymen Masse ein ebenso probates wie dann auch persönlich extrem bereicherndes Mittel, das *Frank Bleckmann* in Konstanz in Erstsemesterveranstaltungen auf eine alte Agitprop-Parole brachte: *„Bildet Banden!"*

1. Bildet Banden!

Gemeint ist damit, dass Sie Studiengruppen, Lerngruppen und Freundeskreise bilden sollen. Suchen Sie bewusst den sozialen Kontakt zu Mitstudenten, gehen Sie nicht allein durch das Studium. Schon für das eigene Leben ist das ebenso wichtig wie bereichernd. Es ist wohl nie wieder so leicht im Leben, Freundschaften zu schließen. Man hat schon durch das gemeinsame Studienfach und gemeinsame Veranstaltungen viele Gelegenheiten, sich zu sehen und viele inhaltliche Anknüpfungspunkte, man ist in einer sehr offenen Lebensphase. Einige dieser im Studium geschlossenen Freundschaften bleiben ein Leben lang bestehen, manchmal sogar mit (oder trotz) Trauschein, und selbst wenn das nicht der Fall ist, muss man zumindest nicht allein durch das Studium.

Begegnen Sie der anonymen Massenuniversität als Bande, die sich morgens zur ersten Vorlesung trifft, dort zusammensitzt, dann gemeinsam in die Mensa geht (oder auch gelegentlich woanders hin, je nach Budget) und dann entweder in eine weitere Vorlesung oder in Arbeitsgemeinschaften. So wird das Studieren zu einer Gemeinschaftsaktivität mit Menschen, die man bestenfalls auch noch mag. Wenn man über die Ticks der Lehrenden und Mitstudenten gemeinsam lästern kann und sich abends noch auf ein Getränk, einen Film oder einfach nur einige Stunden guter Gespräche an schönen Sommerabenden im Freien trifft, bekommt man ein Gefühl dafür, warum viele ältere Menschen an das Studium durchaus wehmütig zurückdenken: Studieren kann insgesamt eine echt tolle Zeit sein – und sollte das auch.

Dazu gehört auch das gemeinsame Bewältigen von Schwierigkeiten, von der Wohnungssuche über das gemeinsame Ertragen der Mensaqualität (was übrigens an vielen Hochschulen heute ein Jammern auf sehr hohem Niveau ist) bis zu Terminkrisen für Abgaben und dem Umgang mit wenig begeisternden Noten.[1] All dies kann man in einer Gruppe von Menschen in der gleichen Situation viel besser durchstehen und verarbeiten als allein.

2. Gruppen als Lernvorteil

Für die Bewältigung des Studiums ist man zudem in einer Gruppe erheblich besser gerüstet als im Eremitenmodus. Natürlich geht Letzteres auch, und es gibt erfolgreiche Einzelkämpfer, es ist aber schwieriger und einsamer. Ein Freundeskreis muss ja nicht deckungsgleich mit einer Lerngruppe sein, viele trennen beides bewusst. Bei anderen wächst eine Lerngruppe zumindest für die Zeit des Studiums auch zu einem Freundeskreis zusammen. Jeder finde hier den eigenen Weg.

Dass viele meinen, alleine lernen zu müssen (oder zu wollen), liegt sicherlich auch daran, dass die Prüfungsleistungen, die Ihnen abverlangt werden, praktisch ausnahmslos Leistungen Einzelner sind, nämlich Klausuren und Hausarbeiten. Gruppenarbeit ist kaum vorgesehen, am ehesten noch in freiwilligen zusätzlichen Veranstaltungen. Diese (*moot courts, mock trials, law clinics* etc.) werden zwar als gewinnbringend – wenn auch arbeitsintensiv – wahrgenommen, zählen aber nicht oder höchstens mittelbar für die Pflichtprüfungen.

---

1   Das Notenniveau im Jurastudium ist sehr niedrig (dazu schon Kapitel 4), was für viele, die es aus der Schule anders gewohnt sind, eine erhebliche Umstellung bedeutet, die oft in echte Sinnkrisen mündet. Auch hier zur Beruhigung: Selbst die allerbesten Absolventen haben praktisch nie im gesamten Studium nur Spitzennoten bekommen und sind fast durchweg mehr oder weniger oft an einzelnen Aufgaben gescheitert (zur Bewertung im Examen noch Kapitel 8).

Wenn man aber den Stoff gemeinsam bearbeitet, sich gemeinsam auf Klausuren vorbereitet und Hausarbeiten zusammen angeht,[2] hat man immer ein unmittelbares Feedback zu den eigenen Gedanken; so verrennt man sich daher erheblich seltener. Weiter kommt es schon durch den direkten Austausch mit anderen zu mehr Kommunikation und damit auch mehr Motivation. Letzteres wird durch einen gewissen Gruppendruck verstärkt, schließlich ist man innerhalb einer Gruppe auch den anderen gegenüber in der Pflicht, seinen Beitrag zu erbringen.

Vor allem aber hat man in der Gruppe ganz handfeste Vorteile beim Lernen: Schon die Materialbeschaffung geht arbeitsteilig viel einfacher, insbesondere wenn man sich gegenseitig alles zugänglich macht (egal, ob man alles für alle druckt/kopiert oder ob man sich nur einen gemeinsamen Cloudordner zulegt, auf dem Links oder Scans abgelegt werden[3]). Aber auch beim Nacharbeiten des Stoffes, also dem eigentlichen Lernen, hat man als Gruppe eine ganze Reihe zusätzlicher Handlungsmöglichkeiten, die über das einfache Gespräch weit hinausgehen:

- Sie können etwa durch unterschiedliche Formen gegenseitigen Abfragens Lernfortschritte überprüfen. Das geht vom gegenseitigen Karteikartenabfragen (wenn man mit Karteikarten arbeitet) bis hin zu Quizspielen, mit denen das sogar unterhaltsam gestaltet werden kann.
- Man kommt beim Lernen im Fach Jura nicht herum um die Bearbeitung von Übungsfällen. In einer Lerngruppe kann man diese

---

2   An sehr vielen Universitäten gehören Hausarbeiten nach wie vor zum Scheinerwerb im Fach Jura dazu, wobei meist ein ganzer Semesterjahrgang die gleiche Aufgabe bekommt. Dabei muss jeder Einzelne seine Lösung selbst formulieren (was heute durch Plagiatserkennungssoftware oft recht akribisch kontrolliert wird). Niemand hindert Sie aber daran, sich mit einer Lerngruppe zu treffen, die einschlägige Literatur gemeinsam zu besorgen und zu teilen und vor allem die Lösung der Aufgabe zumindest inhaltlich gemeinsam zu erarbeiten.

3   Die fortgeschrittene Variante wäre die Nutzung eines Wissensmanagementtools als Team, was etwa Software vom Typ *Citavi* ermöglicht. Arbeitet man sich als Gruppe in so ein Tool halbwegs ein und nutzt dessen Möglichkeiten gemeinsam, kann man erhebliche Effizienzgewinne erzielen.

überkreuz gegenseitig korrigieren. Das ist tatsächlich eine hoch-
effektive Lernmethode, weil man die eigene Betriebsblindheit
gegenüber seinem Text umgeht und gleichzeitig ein ehrliches
Feedback zu den eigenen Bemühungen erhält.

- Unterschiedliche Interessenschwerpunkte innerhalb des Fachs
kann man nutzbar machen, indem die „Experten" alle anderen
mitziehen – und sich dann an anderer Stelle von den anderen
mitziehen lassen.

- Wenn man will, kann man Lerngruppen so angehen, dass man
Ziele, Planungen und Fortschritte für alle transparent hält und
sich selbstorganisiert immer besser durch das Studium arbeitet.
Das ist mit etwas Aufwand und Disziplin verbunden, kann sich
aber sehr lohnen.

- Optimal ist es dabei, wenn man zumindest gelegentlich – etwa
wenn die gemeinsam vorbereitete Klausur geschrieben oder
eine Hausarbeit abgegeben ist – sich in Ruhe zu einer Manöver-
kritik trifft. Dabei kann man erarbeiten, was gut funktioniert hat
und was man für die Zukunft verbessern kann. Gewöhnt man
sich eine solche Selbstreflexion an, bekommt die Zusammenarbeit eine gewaltige positive Dynamik, weil die Zusammenarbeit
immer besser wird.[4]

- Wenn es optimal läuft, kann man in der Gruppe bis zur Examensvorbereitung zusammenarbeiten und dann gerade diese
große abschließende Lernphase gemeinsam viel besser und
effektiver bewältigen als allein.

Zusammenfassend: Es ist sinnvoll und gut, sich schon früh Leute
zu suchen, mit denen man gut zusammenarbeiten kann und mit
diesen ein gut funktionierendes, mehr oder minder fest organisier-
tes Team zu bilden.

---

4   Auch wenn man dies vielleicht nicht erwartet: Das funktioniert oft erstaun-
    lich gut! Die Profis für Teammanagement nennen das Retrospektive, aber
    auch wenn man es formloser macht, lohnt es sich wirklich.

3. Zwischenfazit

Jura ist kein Studium für Einzelkämpfer, zumindest muss es das nicht sein. Suchen Sie sich Gleichgesinnte und gehen Sie das Studium gemeinsam an, das macht das Leben wie das Lernen viel leichter und angenehmer.

Im Anschluss wollen wir – mehr im Überblick – nochmals kompakt die Unterschiede herausarbeiten, die zwischen der Schule und der Universität generell sowie mit Blick auf das Jurastudium bestehen.

KAPITEL 12

Alternativen I:
Wirtschaftsrecht und ähnliche Themenkombinationen

In diesem Kapitel stellen wir mit dem Wirtschaftsrecht eine Möglichkeit vor, im Schwerpunkt juristische Fächer zu studieren und sich damit auf stark juristisch geprägte Berufe vorzubereiten, ohne Jura zu studieren.

Wer bis hierhin gekommen ist, hat bemerkt: Das Jurastudium ist charakterisiert von der Prüfung am Ende. Allein wegen dieser Prüfung überlegt es sich mancher anders, sei es von vornherein oder sei es irgendwann unterwegs. Und Einzelne bestehen eben die Prüfung nicht und müssen sich überlegen, wie sie ihr beachtliches Vorwissen noch für einen anderweitigen Studienabschluss nutzen können.

Manche entscheiden sich sehr bewusst gegen Jura und entweder für ein Studium des Wirtschaftsrechts, das sie interdisziplinär fordert und ihnen Kenntnisse in verschiedenen Fächern (Jura, Betriebswirtschafts- bzw. Volkswirtschaftslehre) bringt, oder für den Weg eines Studiums/einer Ausbildung zum Verwaltungsjuristen (Verwaltungswissenschaften). Als Wirtschaftsjuristen können sie dann flexibler zwischen mehr wirtschaftswissenschaftlich geprägten Berufen, juristischen Tätigkeiten jenseits der klassischen Juraberufe (Rechtsanwalt, Richter oder Staatsanwalt) oder solchen an der Schnittstelle zwischen beiden Bereichen wählen. Als Verwaltungsjurist werden Sie in einer Behörde tätig, oft als Beamter oder als Angestellter mit der Aussicht auf Verbeamtung.

Wirtschaftsrecht (auch Wirtschaft und Recht, Deutsches und Europäisches Wirtschaftsrecht usw. genannt) kann man an einer University of Applied Sciences / Hochschule für Angewandte Wissenschaften (HAWs – das sind die früheren Fachhochschulen) oder einer Universität studieren. Das Wirtschaftsrecht wird hier stellvertretend für vergleichbare Studiengänge beschrieben, weil es heute flächendeckend an über 30 staatlichen und etlichen privaten (aber gebührenpflichtigen) Hochschulen angeboten wird und damit den bekanntesten und am weitesten verbreiteten unter diesen Studiengängen bildet. Wer von vornherein weiß, dass es ein noch etwas spezielleres Gebiet sein soll (Sozialrecht oder Umweltrecht etwa), wird nicht immer heimatnah studieren können, weil sich das Angebot in diesen Fächern auf wenige Hochschulen beschränkt.

In den wirtschaftsrechtlichen Studiengängen erwirbt man nach einem etwa sechs- bis siebensemestrigen Studium den akademischen Grad eines LL.B. (Bachelor of Laws). Wer unmittelbar im Anschluss oder mit zeitlichem Abstand ein zwei- bis viersemestriges Magisterstudium abschließt, erlangt nach planmäßig insgesamt zehn Studiensemestern einen LL.M. (Master of Laws). Tatsächlich dauert das Bachelorstudium durchschnittlich etwas länger als die vorgesehene Regelstudienzeit. Denn nicht zuletzt weil viele Studenten neben dem Studium arbeiten müssen, gelingt es nicht allen, die Regelstudienzeit einzuhalten. Die Masterprogramme sind teils berufsbegleitend konzipiert, so dass den Bachelor-Absolventen insgesamt ein im Vergleich zu Volljuristen deutlich früherer Berufseinstieg möglich ist.

Das Modell wird seit etwa 30 Jahren angeboten und erfreut sich steigender Beliebtheit. Inzwischen kommt auf etwa fünf Jurastudenten ein Student des Wirtschaftsrechts[1]. Zunächst war es lange den Fachhochschulen vorbehalten (die anfangs ihren Absolventen noch das klassische deutsche Diplom verliehen), mittlerweile bieten auch einige Universitäten Bachelor- und Masterstudiengänge an (erstmals etwa die Universität Siegen, später auch Kassel, Mannheim, Augsburg und Lüneburg), einige darunter mit der Option eines ergänzenden Staatsexamensstudiengangs. Der Zugang setzt die Fachhochschulreife voraus; etwa die Hälfte der Studenten an HAWs studiert mit dem Abitur, an Universitäten sind es deutlich mehr.

Das Curriculum (der Stoffplan) besteht zu 60% bis 70% aus rechtlichen und zu 30% bis 40% aus wirtschaftlichen Themen; mitunter entfallen 10% auf Kurse im Bereich der Schlüsselqualifikationen,

---

1   Wie im Jurastudium überwiegen heute sowohl bei den Anfängern als auch bei den Absolventen die Frauen.

nicht zuletzt auf fachliches Englisch. Im Allgemeinen sind die Themengebiete miteinander verknüpft und werden in sinnvoller Reihenfolge gelehrt und gelernt. Der Praxisbezug ist in den einzelnen Kursen unterschiedlich ausgeprägt; die Hochschulen gewährleisten diesen durch Einsatz nebenberuflicher Lehrbeauftragter sowie durch Berufung von praktisch erfahrenen Professoren.

Die Kursgrößen sind an vielen Hochschulen mit ca. 40 Teilnehmern bewusst übersichtlich gewählt, an anderen sind die Gruppen deutlich größer, wobei immer auch Kleingruppenunterricht in Arbeitsgemeinschaften angeboten wird. Teilweise wird mit zwei Zügen von 40 Studenten pro Semester gearbeitet. So kann der Unterricht weniger frontal als in großen Vorlesungen gestaltet werden. Je nach studentischer Beteiligung und Neigung des Dozenten sind deutlich interaktivere bzw. dialogischere Kurse möglich. An kleinen Hochschulen ist die Atmosphäre fast noch familiär; aber auch an den größeren sind die Wege im Allgemeinen deutlich kürzer als an den großen Universitäten mit ihren riesigen Semestern im Jurastudium. Gleichwohl besteht in den Kursen ganz überwiegend keine Anwesenheitspflicht. Mündliche Beteiligung wird nur ausnahmsweise benotet, etwa wenn eine Präsentation als Prüfungsbestandteil vorgesehen ist. Einige Prüfungsleistungen können in Arbeitsgruppen erbracht werden, aber auch hier steht die Klausur im Vordergrund, bei der die Zusammenarbeit mit anderen als Täuschungsversuch begriffen und sanktioniert wird.

Anders als im Jurastudium werden einige Fächer nicht unterrichtet oder nur gestreift; so beschränkt sich das Bürgerliche Recht auf das Vermögensrecht (Schwerpunkt Schuldrecht) und klammert Familien- und Erbrecht weitgehend aus. (Dafür werden Arbeitsrecht sowie Unternehmens- und Gesellschaftsrecht deutlich intensiver unterrichtet als im Jurastudium; auch Kurse in Vertragsgestaltung sind meist verpflichtend, die an den Universitäten günstigstenfalls freiwillig angeboten werden.) Aus dem Strafrecht lernen die Studenten mitunter nur den Allgemeinen Teil in Grundzügen und einige wirtschaftsstrafrechtlich relevante Straftatbestände des Besonderen Teils kennen. Auch das Öffentliche Recht wird viel knapper unterrichtet als bei den Volljuristen, meist mit Schwerpunkten bei den Grundrechten, im Wirtschaftsverwaltungsrecht und im Europarecht. Die Grundlagenfächer (Geschichte, Philosophie, Soziologie und Theorie des Rechts) haben regelmäßig keine eigenen Veranstaltungen, abgesehen von der Methodenlehre.

Neben den juristischen Fächern stehen die wirtschaftswissenschaftlichen. Die treten zwar in ihrem Gewicht ein wenig zurück und ersetzen nicht ein Studium der BWL oder der VWL. So finden sich Fächer wie Marketing, Controlling oder Buchführung im Studienplan. Im Vergleich zu Volljuristen, die mit den Zahlen aus dem Maschinenraum des Unternehmens nicht vertraut sind, bieten sie Wirtschaftsjuristen aber einen echten Wettbewerbsvorteil, der sich am Markt auch zeigt.

Eine erste Spezialisierung während des Studiums erlauben die Schwerpunkt- bzw. Wahlbereiche, die als Pflichtfächer im fortgeschrittenen Semester belegt werden müssen. „Arbeit und Personal", „Kapitalmarkt"; „Wettbewerbsrecht" oder „Schutz geistigen Eigentums" sind Beispiele für oft vorhandene Wahlfächer. Manche Hochschule setzt für den gesamten wirtschaftsrechtlichen Studiengang Schwerpunkte (so etwa die Hochschule Rhein-Main in Wiesbaden im Steuerrecht), andere setzen mit Blick auf die vielfältigen beruflichen Wege der Absolventen bewusst im Bachelorstudiengang allgemeiner an und vertrauen auf die Spezialisierung im Masterstudiengang.

Mindestens ein Praxissemester oder ein mehrwöchiges Praktikum in einem Unternehmen ist typischerweise verpflichtend (meist im vorletzten Studiensemester). Oft schließt sich eine Werkstudententätigkeit an, nicht selten die Erstanstellung. Auslandssemester sind möglich, aber nicht verpflichtend; wie im Jurastudium brauchen sie Vorlauf und Planung. Bei der Anrechnung im Ausland erbrachter Leistungen sind wirtschaftswissenschaftliche Kurse einfacher, juristische Kurse schwieriger einzubringen.

Wie in Bachelorstudiengängen üblich werden am Ende eines jeden Semesters Prüfungen zu den im Semester abgehaltenen Vorlesungen/Modulveranstaltungen abgehalten. Die Studenten entscheiden selbst, ob sie daran teilnehmen möchten. Wer Pech mit einer Klausur hatte, hat zumeist mehrere Möglichkeiten, sie später nachzuholen und zu bestehen. Die Teilnoten in den Prüfungen über die Semester hinweg ergeben dann die Gesamtnote bzw. den Notendurchschnitt, der auf dem Bachelorzeugnis ausgewiesen wird, so wie man es vom Abitur oder anderen hochschulzulassungsberechtigenden Abschlüssen kennt. Man muss sich also von Anfang an um möglichst gute Noten bemühen, anders als im Jurastudium, wo es nahezu ausschließlich auf die Examensnoten ankommt. In einem zwei- bis dreiwöchigen Prüfungszeitraum nach dem jeweiligen Vorlesungsende sind im Durchschnitt sechs Prüfungen zu absolvieren. In den juristischen Modulen bestehen die meist aus einer zwei- oder dreistündigen Klausur, die ein Rechtsgutachten zu einem vorgegebenen Sachverhalt verlangt. In höheren Semestern treten neben die Gutachtenklausuren teils andere Prüfungsformate; eher vereinzelt gibt es unbenotete Module, in denen nur die Teilnahme nachzuweisen ist (hier besteht typischerweise Anwesenheitspflicht). Die Noten verteilen sich über eine Skala von 1 bis 5, ähnlich den Schulnoten bis zur Mittelstufe. Sie fallen tendenziell etwas besser aus als im Jurastudium; aber auch im Wirtschaftsrecht gelten Juristen als strenge Prüfer.

Ähnlich wie bei den Volljuristen beendet ein nennenswerter Teil der Studenten das Studium ohne Abschluss. Die Abschlussprüfung selbst, die sich aus einer mehrwöchigen Hausarbeit über ein meist selbstgewähltes Thema (Bachelor Thesis) und einer anschließenden mündlichen Prüfung (Kolloquium) zusammensetzt, bestehen aber praktisch alle, die teilnehmen. An vielen Hochschulen kann man nicht nur das Thema, sondern auch die Prüfer weitgehend frei wählen, so dass immer wieder externe Prüfer aus Unternehmen oder Behörden am Verfahren beteiligt sind.

Es bestehen Wechselmöglichkeiten zwischen dem Wirtschaftsrecht und Jura, die in beide Richtungen genutzt werden; gelegentlich wechseln Studenten zu den Wirtschaftswissenschaften. Teils ist aber die Anerkennung und Umrechnung der bereits erbrachten Leistungen mühsam oder wird als unvorteilhaft empfunden. Hier haben die Hochschulen oft unterschiedliche Ansätze.

In der ewigen Reformdiskussion um das Jurastudium wird zuletzt immer lauter gefordert, auch in den Staatsexamensstudiengängen einen „Rückfallbachelor" einzuführen (einzelne Bundesländer tun dies gerade), so dass Kandidaten, die das Examen nicht bestehen, einen Abschluss jenseits des Abiturs vorweisen können. Von diesem „nur-juristischen" Bachelorgrad ist hier nicht die Rede.

Auch wenn die Absolventen mangels Staatsprüfung die klassischen
Justizjuristenberufe (Richter, Staatsanwalt) sowie den Anwaltsberuf nicht ergreifen können, sind sie in kleinen, mittleren und
großen Unternehmen gefragt. Sie arbeiten teils in der Rechts-,
Personal- oder Patentabteilung, teils in benachbarten Gebieten, bei
Insolvenzverwaltungen, in (mittleren und größeren) Anwaltsbüros
und Notariaten, bei Steuerberatern, schon länger und immer öfter
auch bei den großen Wirtschaftsprüfungsgesellschaften (den „Big
Four") in unterschiedlichen, oft stark spezialisierten Funktionen,
bei Banken und Versicherern etwa in der Compliance oder Geld-
wäschebekämpfung, bei Aufsichtsbehörden wie der BaFin, dem
Bundeskartellamt, dem Bundesamt für Wirtschaft und Ausfuhr-
kontrolle etc. Manche entscheiden sich auch nach dem Bachelor
für einen stark wirtschaftsrechtlich geprägten Masterstudiengang
und werden später Steuerberater oder Wirtschaftsprüfer. Überhaupt sattelt etwa die Hälfte der Studenten früher oder später
noch ein Masterstudium auf. Nur wenige schreiben später eine
Doktorarbeit und streben eine wissenschaftliche Laufbahn an, was
auch damit zusammenhängt, dass noch nicht alle Hochschulen,
die Wirtschaftsrecht anbieten, zum Promotionsstudium berechtigt
sind. Wie bei den Volljuristen arbeitet ein Teil der Absolventen
später fachfremd.

Im Vergleich zu Volljuristen liegt also der Berufseinstieg früher;
dafür sind im Durchschnitt die Einstiegsgehälter leicht niedriger.
Davon abgesehen bietet das Wirtschaftsrecht jenseits der klassischen Juristenberufe eine große Fülle an Karrieremöglichkeiten, die
gerade auch bei nachlassenden Absolventenzahlen im Jurastudium immer besser werden.

Es kann sich also lohnen, über Wirtschaftsrecht als ernsthafte
Alternative zum Jurastudium nachzudenken. Die Praxis begreift
immer mehr, dass hier Absolventen auf den Markt treten, die die
Denklogik der verschiedenen in einem Unternehmen handelnden
Personen (etwa Betriebs- sowie Volkswirte und Juristen) kennen
und daher mitunter kreativere Lösungen für komplexe Probleme
finden als die jeweiligen Spezialisten.

Kann man nun das zum Jurastudium Gesagte und Empfohlene auf
das Studium des Wirtschaftsrechts übertragen? Im Wesentlichen:

Ja. Das Examen ist weniger der Endgegner als bei den Juristen – und man bekommt schon weitaus früher belastbare Rückmeldungen über die eigenen Erfolge. Auch die beruflichen Möglichkeiten sind nicht ganz die gleichen, klar. Aber im Großen und Ganzen gilt: Wer sich für das eine interessiert, kann auch das andere ernsthaft in Erwägung ziehen.

KAPITEL 13

Alternativen II:
Der Öffentliche Dienst

Nachdem Sie nun umfassend über das Jurastudium informiert sind, stellt sich Ihnen vielleicht die Frage: „Welche Alternativen zum klassischen Jurastudium habe ich, wenn mich die Arbeit mit Gesetzen interessiert?". Die gute Nachricht: Es gibt etliche Möglichkeiten, insbesondere in der öffentlichen Verwaltung.

Die schlechte Nachricht: Auch hier müssen Sie einige Entscheidungen treffen, denn „die Verwaltung" gibt es nicht. Vielmehr gliedert sich die staatliche Verwaltung in eine Reihe von Fachrichtungen:

- Die Fachrichtung „Allgemeine Verwaltung" kommt der Vorstellung von „der Verwaltung" noch am nächsten. Auf Bundes-, Landes- oder kommunaler Ebene bearbeiten Sie Anliegen von Bürgern, setzen das geltende Recht um und durch und bereiten Gesetze, Verordnungen oder Satzungen vor. Kurz: Sie halten den Staat „am Laufen" (Informationen unter t1p.de/5mr4z und t1p.de/tphxp).
- In der Fachrichtung „Polizei" arbeiten Sie auf unterschiedlichen Ebenen für die Sicherheit des Staates und der Bürger (mehr Informationen auf t1p.de/cf1po).
- In der Fachrichtung „Steuerverwaltung" kümmern Sie sich um die Einnahmen des Staates (Informationen gibt es unter t1p.de/13dad und t1p.de/yo20f).
- In der Fachrichtung „Rentenversicherung" kümmern Sie sich um die Rentner (ausführliche Informationen unter t1p.de/ldgfv und t1p.de/j2hx5).
- In der Fachrichtung „Justizverwaltung" halten Sie den Richtern in den Geschäftsstellen „den Rücken frei", vollstrecken Urteile und helfen Rechtsuchenden und ihren Anwälten (Informationen unter t1p.de/3k96w).

Während in den Fachrichtungen Polizei, Rentenversicherung, Steuer- und Justizverwaltung Spezialisten ausgebildet werden, zeichnet sich die Fachrichtung Allgemeine Verwaltung durch eine große thematische Bandbreite aus, kommt damit dem Jurastudium am nächsten und wird deshalb im Folgenden beispielhaft näher vorgestellt.

Auf Bundesebene werden Verwaltungsfachangestellte und Verwaltungsfachwirte in den Bundesministerien in Berlin und Bonn sowie den etwa 40 über ganz Deutschland verteilten Bundesämtern eingesetzt (etwa dem Bundesamt für Justiz, dem Umweltbundesamt, dem Bundesamt für Naturschutz oder dem Bundesamt für die Sicherheit der nuklearen Entsorgung).

Ähnlich verhält es sich auf Landesebene. Auch hier werden die Verwaltungsexperten in den Landesministerien und den nachgeordneten Landesbehörden eingesetzt.

Die größte Zahl der Verwaltungsfachangestellten und Verwaltungsfachwirte arbeitet allerdings in den kommunalen Verwaltungen in ganz Deutschland, also nah am Bürger und in der Region verwurzelt.

Die Ausbildung zum **Verwaltungsfachwirt** besteht aus einem dreijährigen dualen Studium an einer (Fach-)Hochschule für öffentliche Verwaltung, das mit einem Bachelor abschließt. Das Studium gliedert sich in einen Wechsel von Theoriephasen an der Hochschule und Praxisphasen bei der einstellenden Dienststelle. Vermittelt werden in der ersten Phase verwaltungs- und betriebswirtschaftliche Grundlagen sowie Verwaltungsorganisation. Vertiefungen finden in der Regel im Allgemeinen Verwaltungsrecht, Dienst- und Beamtenrecht, Kommunal- und Sozialrecht, Bau- und Umweltrecht sowie im Haushaltswesen und zum Thema Führung statt. Zum Ende des Studiums schreiben Sie eine Bachelorarbeit. Von den drei Studien-/Ausbildungsjahren verbringen Sie insgesamt zwei an der (Fach-)Hochschule und eines in der Praxis.

Die Ausbildung zum **Verwaltungsfachangestellten** dauert grundsätzlich drei Jahre. Abiturienten können diese Zeit aber regelmäßig auf zwei Jahre verkürzen. Die Ausbildung findet an drei Ausbildungsorten statt: der einstellenden Dienststelle, der Berufsschule und einer Verwaltungsschule für die überbetriebliche Ausbildung. In der Mitte der Ausbildung legen Sie eine Zwischenprüfung ab, die allein der Information über den Leistungsstand dient. Ausschlaggebend ist am Ende die Abschlussprüfung, die aus vier Klausuren (zwischen 90 und 135 Minuten) und einer praktischen Prüfung (bis zu 45 Minuten) besteht. Die Inhalte sind mit denen des Studiums vergleichbar. Allerdings geht es stärker um den Nutzen des Gelernten für den Berufsalltag und die praktische Anwendung als um die wissenschaftliche Durchdringung der Materie.

Nach dem erfolgreichen Abschluss der Ausbildung besteht, nach in der Regel vier Jahren beruflicher Erfahrung, die Möglichkeit einer Aufbauqualifikation, die zum Abschluss Verwaltungsfachwirt führt und ähnliche berufliche Entwicklungsperspektiven eröffnet wie der Bachelorabschluss.

Gegenstand der Ausbildung sind neben dem Allgemeinen Verwaltungsrecht eine Vielzahl von Fächern des Besonderen Verwaltungsrechts, z.B. Gefahrenabwehrrecht, Sozialrecht, Baurecht, Kommunalrecht, aber auch Grundzüge des Privatrechts. Ein weiterer Schwerpunkt der Ausbildung sind die Finanzfächer Verwaltungsbetriebswirtschaftslehre, Landes- bzw. kommunales Finanzmanagement sowie Abgabewesen (z.B. die Grundsteuer oder Hundesteuer). Vervollständigt wird der Lehrplan um sozialwissenschaftliche Themen wie Kommunikation und Verwaltungsorganisation. Sie wissen, dass die Digitalisierung auch vor der öffentlichen Verwaltung nicht Halt macht. Vielerorts gibt es bereits sog. Bürgerportale, über die Sie z.B. einen neuen Personalausweis beantragen oder ein Auto anmelden können. Diese technische Entwicklung wirkt sich auch auf die Ausbildung aus. Neben den oben genannten Ausbildungsinhalten wird deshalb zunehmend auch Prozessmanagement und Prozesssteuerung sowie institutionelles Wissensmanagement unterrichtet.

Die staatliche Verwaltung lässt sich in allen Fachbereichen hierarchisch grob in drei Ebenen gliedern: den mittleren Dienst, den gehobenen Dienst und den höheren Dienst. Für die Fahrichtung der Allgemeinen Verwaltung gestaltet sich das wie folgt:

Ebene	Qualifikation	Abschluss
„Mittlerer Dienst" (Laufbahngruppe 1, 2. Einstiegsamt)	dreijährige Berufsaus-bildung im Öffentlichen Dienst oder	Verwaltungsfachange-stellter bzw.
	zweijährige Beamten-ausbildung	Verwaltungswirt
„Gehobener Dienst" (Laufbahngruppe 2, 1. Einstiegsamt)	dreijähriges duales Studium an einer Fachhochschule für öffentliche Verwaltung Bachelorabschluss	Verwaltungsfachwirt
	Alternativ: Ausbildung zum Verwaltungsfach-angestellten mit Berufserfahrung und anschließender Aufstiegsfortbildung	
„Höherer Dienst" (Laufbahngruppe 2, 2. Einstiegsamt)	Jurastudium	-
	Alternative 1: anderes Studienfach mit Master-abschluss und zusätzlicher Laufbahn-prüfung	
	Alternative 2: Bachelor an einer Fachhochschu-le für öffentliche Verwaltung plus Aufstiegsfortbildung	

Mit jeder Qualifikationsebene steigen Verantwortung und Gestal-tungsmöglichkeiten.

Trotz der hierarchischen Gliederung ist der Öffentliche Dienst durch eine größer werdende Durchlässigkeit gekennzeichnet. Ge-rade die Kombination aus FH-Studium und Aufstieg kann eine interessante Alternative zum Jurastudium sein, mit dem Vorteil eines sicheren Jobs und einer guten Bezahlung bereits während des Studiums.

Welche Vorteile bietet ein duales Studium bzw. eine Ausbildung im Öffentlichen Dienst im Vergleich zum Jurastudium? Zunächst können Sie den fachlichen Schwerpunkt durch die Wahl der Fachrichtung selbst bestimmen: Während bei der Polizei Straf- und Ordnungswidrigkeitenrecht eine zentrale Rolle spielen, haben diese Rechtsgebiete für die Fachrichtung Allgemeine Verwaltung allenfalls untergeordnete Bedeutung. Dafür liegt hier der Schwerpunkt auf dem Öffentlichen Recht in seiner Breite. Ein weiterer Vorteil sind die im Vergleich zum Jurastudium kleinen Studiengruppen. Dadurch entsteht eine größere Nähe zu den Dozenten. Studium und Ausbildung sind bei weitem nicht so anonym wie das Jurastudium an einer großen Fakultät. Dazu tragen auch die Praxisphasen bei, in denen Sie Ausbildern zugeteilt werden, die mit Ihnen das in der Theorie Gelernte praktisch umsetzen und vertiefen. Kurz: Während der gesamten Ausbildungszeit haben Sie Menschen um sich, die Sie unterstützen. Überhaupt ist der Praxisbezug für das Lernen nicht zu unterschätzen: Inhalte hängen nicht „in der Luft", sondern Sie wissen schnell, warum Sie die Dinge wissen müssen und wofür Sie sie brauchen. Und sollten Sie das duale Studium für den gehobenen Dienst nicht erfolgreich beenden, bleibt grundsätzlich die Möglichkeit, die Ausbildung im mittleren Dienst fortzusetzen und zu beenden. Auch im Falle eines „Scheiterns" im Studium ist also nicht alles vorbei und nicht alles verloren. Im Vergleich zum Jurastudium bieten sich zwei weitere Vorteile: Zum einen werden Sie bereits während des Studiums bzw. der Ausbildung bezahlt und zum anderen steigen Sie nach drei Jahren in den Beruf ein – ohne Stellensuche und Bewerbungsverfahren. Im Studium starten Sie zu diesem Zeitpunkt im Idealfall mit der Examensvorbereitung.

Auch jenseits dieser Vorteile während der Ausbildung ist der Öffentliche Dienst ein interessanter Arbeitgeber. Neben der berühmten konjunkturunabhängigen Arbeitsplatzsicherheit sind die Aufstiegschancen aufgrund des Fachkräftemangels außergewöhnlich gut. Das betrifft nicht nur den Aufstieg, also die Karriere, innerhalb einer Ebene, sondern auch den Aufstieg in die nächsthöhere Ebene. Hier werden zunehmend neue, interne Qualifikationsprogramme aufgelegt, um den Personalbedarf auch an Führungskräften decken zu können.

Die Fachrichtung Allgemeine Verwaltung zeichnet sich zudem durch eine große thematische Verwendungsbreite aus. Je nach persönlichen Interessen und Neigungen können Sie in ganz unterschiedlichen Bereichen tätig werden: Finanzen, Personal, Bürgerbüro oder in einem der zahllosen Fachdienste wie z.B. Ordnungsamt oder dem Schul- und Bildungsbereich. Und wenn Sie nach einigen Jahren etwas Neues machen wollen, können Sie einfach den Arbeitsbereich wechseln, ohne sich einen neuen Arbeitgeber suchen zu müssen. Karrieren im Öffentlichen Dienst sind deshalb so bunt wie das Leben.

Sollte Ihr Lebensweg Sie in andere Städte oder Bundesländer führen, haben Sie zudem die Möglichkeit, sich versetzen zu lassen. Kurz: Der Öffentliche Dienst ist nicht nur innerhalb einer Behörde durch Durchlässigkeit gekennzeichnet, sondern auch über die Landesgrenzen hinweg.

Und wie kommen Sie in den Öffentlichen Dienst? Ganz einfach: Die Gemeinden sowie die Landes- und Bundeseinrichtungen schreiben regelmäßig sowohl die Ausbildungsplätze als auch die Stellen für ein duales Studium in den verschiedenen Fachrichtungen in den Medien aus. In einem Bewerbungsverfahren werden die geeigneten Kandidaten ausgewählt und je nach Stelle mit einem Ausbildungsvertrag ausgestattet oder unter Berufung auf das Beamtenverhältnis auf Widerruf zum Beamtenanwärter ernannt. Insgesamt also eine gute Alternative für den eigenen Berufsweg.

KAPITEL 14

Universität als Fortsetzung der Schule?

oder: Die neue Freiheit kommt mit großer Eigenverantwortung

Der Einstieg ins Studium bringt unabhängig vom gewählten Studiengang bemerkenswerte Neuerungen mit sich. Denn die Universität unterscheidet sich sehr von der Schule. Lehre an der Universität ist nicht mit dem schulischen Unterricht zu vergleichen und das Studieren geht anders als das schulische Lernen (siehe hierzu Kapitel 7). Weil man die Schule nach vielen langen Jahren aber so gut kennt, geht man mit der Erwartung ins Studium, dass vieles an der Universität mindestens ähnlich sein wird. Je früher man die wirkliche Funktionsweise der Universität versteht, desto schneller kommt man dort an. Hierzu folgen ein paar Hinweise zu den in Universitäten gewährten Freiheiten, zur oft empfundenen Anonymität, zu Lehrenden und deren Veranstaltungen sowie zur Stofffülle und den Prüfungen. Sie gelten besonders fürs Jurastudium, auch wenn sich manche Unterschiede in gleicher Weise bei anderen Studienfächern zeigen.

1. Universität bedeutet Freiheit

Ein erster Unterschied ist banal, er führt uns aber zu einer zentralen Eigenart der Universität: Sie entscheiden sich frei dafür, ein bestimmtes Fach zu studieren, und so lassen Sie die Ihnen zugemutete Breite des Fächerkanons der Schulzeit hinter sich. Diese Freiheit der Studienwahl setzt sich dann im Studium fort. Sie entscheiden, ob Sie Lehrveranstaltungen besuchen oder nicht. Denn diese setzen überwiegend keine Anwesenheit voraus (dies mag je nach Fach variieren, im Jurastudium erfordern mitunter nur die Arbeitsgemeinschaften oder Seminare Ihre Anwesenheit). So gibt es gerade in Vorlesungen keine Anwesenheitskontrolle. Bleiben Sie den Veranstaltungen fern, liegt es bei Ihnen, ob Sie die dort behandelten Themen selbstständig nacharbeiten oder nicht. Gleiches gilt weitgehend für die Entscheidung, ob Sie Prüfungen belegen und wann Sie das tun möchten. Sie entscheiden darüber, ob Sie (seriös) studieren wollen, nur so tun wollen als ob oder es ganz sein lassen. Sie sind in dieser Hinsicht aus Perspektive der Hochschule vollständig frei. Da ist – anders als an manchen Universitäten im Ausland – niemand, der Sie von Seiten der Universität kontrolliert, Ihren Fortschritt überprüft, Ihnen Druck macht, Sie motiviert oder begleitet. Gerade das Jurastudium in Deutschland ist alles andere als „verschult".

Wenn man die Schule gewöhnt ist, muss man erst lernen, mit dieser Freiheit umzugehen. Wann nimmt man sich die Freiheit, Veranstaltungen fallen zu lassen, weil sie nichts bringen? Wann widersteht man der Versuchung, etwas Schöneres zu machen, wenn eine Veranstaltung einen doch weiterbringen könnte? Und wie viel Freiheit kann man sich leisten, angesichts der erwähnten Stofffülle im Jurastudium? Dass solche Entscheidungen schwer sind, haben wir alle erfahren, das ist ein Lernprozess. Die Verantwortung für diesen liegt aber eben komplett bei Ihnen.

2. Universität bedeutet Anonymität

Folge der Freiheit ist, dass man Sie in der Universität nicht namentlich kennt. Dies gilt gerade für Studiengänge mit großen Kohorten, wie man sie in der Rechtswissenschaft an vielen Standorten findet. Für manche ist das toll, denn nicht jeder hat den Drang, sich in Vorlesungen einzubringen. Es besteht aber die Gefahr, abzutauchen und sich dauerhaft zu verstecken. Eine einmal eingenommene passive Haltung ist alles andere als förderlich. Auch diejenigen, die lieber still zuhören, werden Fragen haben, und um deren Beantwortung nach der Vorlesung oder in einer Sprechstunde muss man sich aktiv kümmern. Wer hingegen zu denen gehört, die gerne mitdiskutieren und mit ihren Ansichten oder Fragen individuell wahrgenommen werden möchten, kann die Anonymität des Studiums als demotivierend empfinden.

Hinzu kommt, dass die Anonymität auch dem Datenschutz an Universitäten geschuldet ist. So haben rechtliche Vorgaben in Bildungskontexten vielleicht mehr negative Folgen als positive (weil der Datenschutz geradezu gebietet, sich nicht persönlich zu kennen). So werden die oft so wichtigen persönlichen (emotionalen) Brücken zwischen den Menschen an der Uni, den Dozenten und Studenten, verhindert. Dies kann man durchaus bedauern.

Umso wichtiger ist es, aus der Anonymität auszubrechen, indem man wenigstens drei bis vier richtig gute Freunde im Studium gewinnt. Mit diesen geht man den Weg gemeinsam, zieht sich gegenseitig mit und unterstützt sich. Das ist unglaublich wichtig. Manch einer berichtet noch nach Jahrzehnten von der fantastischen Lerngruppe, der er den wesentlichen Grund für das erfolgreiche Studium zuschreibt (siehe hierzu auch eingehend Kapitel 11).

Manche Lehrenden versuchen gegenzusteuern: Sprechstunden, Diskussionsrunden, Kaminabende, Einladungen zum Kneipentreffen an das ganze Semester oder wenigstens die Seminarteilnehmer. Angesichts der vielen Studenten in einem Jahrgang und der vielen Lehrveranstaltungen sind das aber meist nur Tropfen auf den heißen Stein.

3. Die Dozenten an der Universität

An der Schule gab es gute und schlechte Pädagogen, aber jedenfalls durfte man sicher sein, dass alle über eine pädagogische Ausbildung verfügten. Die Dozenten der Universität haben hingegen weder eine pädagogische noch eine didaktische Ausbildung. Nicht alle denken darüber nach, wie man Themen besonders anschaulich und nachhaltig vermittelt, und nicht alle sind eben geborene Lehrer. Typischerweise werden Professoren wegen ihrer Forschungsleistungen und nicht für ihr Engagement in der Lehre berufen, was sich vermutlich nie ändern wird. So kann es auch vorkommen, dass ihnen die Lehre lästig ist. Sie müssen davon ausgehen, dass gute Lehre und Zuwendung zu Studenten sich für Ihre Professoren nicht oder bestenfalls zufällig lohnen. Selbst bei deren wissenschaftlichen Mitarbeitern, die häufig als Arbeitsgemeinschaftsleiter lehren, muss das Interesse an der Lehre nicht unbedingt größer sein. Dies zeigt sich dann mitunter auch in der Haltung aller Dozenten gegenüber Studenten, der Bereitschaft, diesen zuzuhören und ihre Fragen zu beantworten.

Nun bestand die Lehrerschaft zu Schulzeiten nicht nur aus gebo-
renen Motivationskünstlern und Lehrtalenten, aber an der Universität sind diese noch seltener. Und gerade Jura wird oft so sachlich
unterrichtet, als seien die Regeln so wertfrei wie Naturgesetze. Das
macht die Sache nicht einfacher. Denn anfangs werden Sie von der
Lehre Ihrer Professoren ableiten, ob Sie ein Fach spannend finden.
Ist dies nicht der Fall, mag es überraschen, wie schnell sich das
Blatt wendet, wenn man die Thematik mit den richtigen Büchern
und/oder gemeinsam mit Mitstudenten angeht. Wir wünschen
Ihnen auf jeden Fall gerade in den Anfangssemestern, dass Ihre
Dozenten Sie mitreißen und begeistern. Soweit Sie Wahlmöglich-
keiten haben, wechseln Sie in solche Lehrveranstaltungen.

4. Die universitären Lehrveranstaltungen –
insbesondere Vorlesungen

Im Jurastudium ist man als Student ganz überwiegend mit dem
Lehrveranstaltungstyp „Vorlesung" konfrontiert. Vorlesungen sind
eher nicht von Interaktion geprägt, d.h. einem wie auch immer
gearteten Austausch mit den Studenten, der diese zumindest phasenweise die Rolle der passiven Konsumenten verlassen ließe. Sie
sind mit 90 oder gar 180 Minuten auch noch doppelt oder vier-
mal so lang wie eine Schulstunde, obgleich Studien belegen, dass
man überhaupt nur im Umfang von etwa 30 Minuten neuen Stoff
als Zuhörer aufnehmen kann. Dies führt unweigerlich dazu, dass
man während mindestens der Hälfte der Veranstaltung nicht mehr
aufnahmefähig ist und den Fehler bei sich selbst sucht. Aber der
Fehler liegt im System.

5. Der „Stoff" und die Prüfungen

An der Universität kann es passieren, dass man für eine erste unbenotete Übungsklausur mehr lernt als fürs ganze Abitur. Der Stoff
ist gerade bei Jura umfangreich und anspruchsvoll. Gemeinerweise
erschließt er sich auch erst nach und nach. Der Groschen fällt oft
erst nach Wochen, Monaten oder gar Jahren (etwa erst während
der Examensvorbereitung oder im Beruf).

Es gilt viel mehr Stoff als zu Schulzeiten zu „durchdenken" (zum Verstehen im Gegensatz zum Auswendiglernen siehe bereits Kapitel 10). Und dieser Stoff wird zu oft in einer weder didaktisch noch lerntechnisch sinnvollen Dosierung präsentiert. Gerade zu Beginn des Studiums ist ein Gefühl von Überforderung steter Begleiter. Sich mit Themen zu befassen, die man (noch) nicht kennt, geschweige denn liebt, ist sehr anstrengend. Frustrationstoleranz und Durchhaltevermögen sind entsprechend gute Freunde, wenn man sie denn hat.

Die Prüfungen werden zudem oft zum Ende des Semesters durchgeführt – und dann geballt. Dies erfordert ein komplettes Umdenken auch in Sachen Lernstrategien (siehe hierzu Kapitel 7). Man kann nicht wie bei mancher Klassenarbeit am Vorabend mit dem Lernen anfangen. Verstehen und Durchdenken bzw. das Einüben über Klausurbeispiele brauchen ihre Zeit. Die Prüfungen verlangen nämlich Transferleistungen, d.h. die Lösung von Fällen, die neu für einen sind. Hier hilft Auswendiglernen nicht weiter, es geht um Verstehen, und das braucht Einsatz und Geduld. Das Kurzzeitgedächtnis und das Auswendiglernen helfen wenig, man muss – und dies auch mit Blick auf die Examina und den späteren Beruf – nachhaltig lernen (was das heißt und wie man das schafft, wurde in den Kapiteln 7 bis 11 eingehender behandelt).

6. Also – was tun?

Die beschriebenen Herausforderungen führen an eigentlich allen Universitäten, gleich mit welchem Leistungsanspruch, zur gleichen Folge: Die Verantwortung für den Studienerfolg liegt ganz wesentlich bei den Studenten selbst. Das scheint banal, wird aber zu oft zu spät erkannt. Man muss sich gut organisieren, sich viel Zeit für den Stoff und den selbstständigen Wissenserwerb nehmen, Selbstlernkompetenz entwickeln oder/und das Lernen in Gruppen einüben, sich Freude am Studium erarbeiten und mit Rückschlägen und Widrigkeiten umzugehen lernen. Studienerfolg und auch ein erlebnisreiches Studium liegen in der eigenen Hand. Extrameilen laufen kann tolle Erkenntnisse bringen, sich in Projektgruppen (etwa *Law Clinics*) zu engagieren ebenfalls – und natürlich auch ein Auslandsstudium, das man rechtzeitig planen muss. Man muss aus der oft passiven Rolle der Schulzeit hinausfinden in eine Rolle, die zur Universität passt und auch deren Besonderheiten berücksichtigt. Fachliche Fehler wird man tausendfach machen – und das ist gut so, wenn man daraus lernt (siehe hierzu eingehend Kapitel 8). Aber Fehler in der Art, wie man die Dinge angeht (und mit welchen Haltungen(!)), sind oft fatal.

Ein Wort am Schluss dieses Abschnitts sei noch erlaubt: Wer die Chance bekommt, an einer Universität zu studieren, sollte das Studium mit Dankbarkeit und Demut angehen. Denn viele Gleichaltrige im In- und Ausland haben trotz höchster Begabungen diese Chance nicht. Vergessen Sie das nicht und nehmen Sie es vielleicht auch ein wenig als Verpflichtung, die zusätzlich antreibt und hilft, immer wieder aufzustehen, nicht nur allmorgendlich, sondern auch nach kleinen und großen Rückschlägen und Enttäuschungen.

Und damit bleibt uns nur noch, zwei bis drei letzte Gedanken in einem kurzen Schlusswort zu präsentieren.

Schlusswort
oder: Schon entschieden?

Dieses Buch ist eine Entscheidungshilfe. Die Entscheidung bleibt bei Ihnen. Wenn es gutgegangen ist, haben Sie es von vorn bis hinten gelesen und sich dabei eine Reihe von Fragen gestellt. Bestenfalls haben Sie die alle an den Rand notiert, handschriftlich. Einige davon haben wir ausdrücklich angeregt, andere haben sich aus dem Zusammenhang ergeben.

Nicht alle werden Sie abschließend beantwortet haben. Die meisten aber vielleicht doch. Das müsste Sie näher an eine wohlüberlegte Entscheidung herangeführt haben.

Wenn Sie nach dem Lesen Ihre Studienwahlentscheidung informiert treffen (oder wenigstens die für Sie wichtigen Anschlussfragen formulieren können), war die Zeit fürs Lesen gut investiert. Dann empfehlen Sie bitte das Buch weiter. Wenn es Ihnen nicht geholfen hat, verschenken Sie es bitte. Vielleicht hilft es jemand anderem mehr.

Erlauben Sie uns, am Ende noch drei Punkte hervorzuheben, die mit dieser Entscheidung zu tun haben:

1. Eine gute Entscheidung kann auch eine gegen das Jurastudium sein. Wir haben eingangs erwähnt, dass wir gern für die Rechtswissenschaften werben wollen. Aber ehrlicherweise müssen wir doch festhalten, dass die etwas größere Hälfte der Bevölkerung nicht Jura studiert hat und trotzdem irgendwie glücklich zu werden scheint.

Außerdem könnte ja Jura auf dem zweiten oder dritten Platz Ihrer Liste gelandet sein, weil Sie immer noch ein paar andere Optionen in Erwägung gezogen haben. Dann sind wir ebenso zufrieden, zumal wir Ihnen schon im Buchtitel versprochen hatten, Anstrengungen und Herausforderungen nicht zu verschweigen.

2. Wir haben absichtlich darauf verzichtet, Ihnen im Sinne eines Eignungstests zur Vorbereitung Ihrer Entscheidung 30 Fragen vorzulegen, bei denen Sie auf unterschiedliche Antworten verschieden viele Punkte erhalten und am Ende bis auf die zweite

Nachkommastelle genau auswerten können, ob Ihnen ein Studium der Rechtswissenschaften gutgelaunt und mit guten Ergebnissen gelingen wird. Wir zweifeln, ob das seriös möglich ist. Um zu wissen, was für Sie individuell am meisten zählt, hätten wir Ihnen in die Augen sehen müssen (und selbst dann ist es noch schwierig). Das geht nicht mit einem Buch. Aber Sie sind frei, resümierend zu fragen, welche Argumente in die eine und in die andere Richtung Sie wichtig finden. Zur Not beginnen Sie von vorn, auf Seite 15.

3. Wenn Sie die Entscheidung für das eine oder andere Studienfach getroffen haben, werden Sie feststellen, dass noch reihenweise weitere Entscheidungen hinterherkommen. Ein (Jura)Studium bedeutet auch eigenverantwortlichen Umgang mit eigener Lebenszeit. Manchmal ist es befreiend oder beängstigend, selbst zu entscheiden, in welchem Tempo man sich durch das Studium bewegt. Es gibt keinen Zwang, nach acht Semestern fertig zu sein. Wer eigene Interessen verfolgen will, muss sich aber eben auch Zeit nehmen – sie wird einem nicht geschenkt.

Vermutlich haben wir nicht alle Fragen beantwortet, die Sie vielleicht haben. Das kann auch nie erschöpfend gelingen. Aber vielleicht finden sich ja die Antworten in den Texten unserer anschließenden kleinen Auswahlbibliographie.

Und vielleicht treffen wir uns später mal in einer Vorlesung. Das würde uns freuen!

Zum Weiterlesen
Nützliche Literatur

Es folgt eine kleine Übersicht zu den juristischen Studienführern (etc.); sie beansprucht keine Vollständigkeit.

Wer zunächst im **Internet** weiterlesen will, findet
- online-Assessments zur Studienwahl unter t1p.de/yksy1,
- kleine Texte wie Sabine *Olschner*: Sollte ich Jura studieren?, t1p.de/cyyuz, Denise *Dahmen:* 11 Gründe, warum du Jura studieren solltest, Anwaltsblatt online v. 3.8.2021, t1p.de/19g9b; Dominik Herzog: Fünf Gründe die GEGEN ein Jurastudium sprechen, mkg online v. 7.2.2019, t1p.de/4nh3z; *pl*/LTO-Redaktion: 10 Gründe, das Jurastudium zu hassen – Das System ist der Fehler, in: LTO v. 17.12.2015, t1p.de/b2fs5; Heinz Josef *Willemsen*: Risikoklasse 10 – Hände weg vom Jurastudium, Anwaltsblatt online v. 22.9.2020, t1p.de/wmh6q
- größere Texte wie Felician *Scheu*, Hätt' mir das einer am Anfang gesagt – 100 Tipps für Jurastudierende, 2015 = t1p. de/16b9, und Finn *Holzky*: Bachelor of Laws: Berufsbild & Gehalt als Wirtschaftsjurist – Welche Möglichkeiten und Perspektiven bietet der LL.B.? = t1p.de/jd4as
- ganze Diskussionsforen wie https://www.juraforum.de/forum/f/juraexamen/
- und manchmal Autorenseiten mit erstaunlich viel Inhaltlichem, etwa https://professordyrchs.de/

Auf YouTube findet sich zu fast jedem Thema, das wir angesprochen haben, mindestens ein Video. Wer die alle anguckt, hat ein paar Tage vor dem Bildschirm verbracht, aber immerhin das Geld für dieses Buch gespart – und eine erste Übersicht über die Jura-YouTubeStars der aktuellen Generation gewonnen. Stellvertretend für viele Oliver *Munz*, t1p.de/u34ni.

Wenn Sie ergänzend oder alternativ zu unserem kleinen Ratgeber ein Buch zur Hand nehmen wollen, haben Sie die Auswahl unter etlichen Angeboten.

a) Von der **Studiengangswahl** her geschrieben sind:

- *Bundesagentur für Arbeit* (Hrsg.), Studienwahl 2023/2024, 53. Auflage, Nürnberg 2023
- Franz Peter *Dyrchs*: Ist JURA das Richtige für mich? – Ein Dialog mit dem Jurastudium, München 2020
- Oskar *Becker*: Die Jurafalle – Was Sie vor dem Jurastudium unbedingt wissen sollten, Passau 2022
- Nicholas *McBride*: Letters to a Law Student: A guide to studying law at university, 4. Auflage 2018
- Patrick *Ruthven-Murray*: Was soll ich studieren? – alle Antworten für die richtige Studienwahl, 3. Auflage, Göttingen 2022
- Holger *Walther* / Sandra *Stankjawitschjute*: Abi, was nun? Das richtige Studium finden, 2. Auflage, Konstanz 2022

b) Wenige Studienführer nehmen den **Beginn des Studiums** in den Blick,
- Jochen *Zenthöfer*: Wie geht eigentlich Jura? Ratgeber zum erfolgreichen Studienstart für juristische Erstsemester, Dänischenhagen 2014

die meisten das **gesamte Studium**:

- Olaf *Grosch*: Studienführer Jura, 6. Auflage, Eibelstadt 2010
- Ronja Serena *Ringelstein*: Studienführer Jura, 2. Auflage, Hamburg 2015
- Florian *Specht* / Alexander *Bleckat* / Madia *Jacobs*: Jura geht auch anders! – Ein Leitfaden für ein erfolgreiches und gelassenes Jurastudium mit vielen Tipps und praktischen Hinweisen, 2. Auflage, München 2021
- Barbara *Lange*: Jurastudium erfolgreich, 9. Auflage, München 2023
- Silke *Glossner* / Tobias *Dallmayer*: Jura – erfolgreich studieren – für Schüler und Studenten, 8. Auflage, München 2021
- Bernhard *Bergmans*: Lern- und Arbeitstechniken für das Jurastudium – ein Ratgeber für den Studienerfolg, Stuttgart 2013
- Erwin *Hoffmann*: Lernstrategien für das Jura-Studium, Weil im Schönbuch 2021
- Stephan *Spehl*: Lifehacks für Jurastudium und Examen, München 2021

- Beck'scher Studienführer Jura 2022, München 2022, herunterladbar unter t1p.de/hqdz

Bei den älteren Büchern empfehlen wir wegen der Detailinformationen (etwa zu Studienordnungen, die im Lauf der Jahre geändert werden) Internet-Differenzrecherchen.

Als Lernbegleiter vom ersten Tag an nicht zu unterschätzen ist
- Fritjof *Haft*: Einführung in das juristische Lernen – Unternehmen Jurastudium, 7. Auflage, Bielefeld 2015

Vielleicht hilft Ihnen auch
- Selma Lyn *Kalkutschke*: Insichgespräch – Das Journal für das Jurastudium, Norderstedt 2022

c) Die Erste Prüfung ist anstrengend und wird auch zehn Semester zuvor schon so wahrgenommen. Wegen der ordentlichen Durchfallquoten gilt sie als bedrohlich. Ein Teil der Studienführer/-begleitliteratur nimmt daher ausdrücklich das Examen als Ziel und Prüfstein in den Blick. Vom **Staatsexamen** her gedacht, geschrieben und konzipiert sind:

- Anne *Sanders* / Barbara *Dauner-Lieb*: Recht Aktiv – Erfolgreich durch das Examen, Köln 2021
- Michal *Armbruster* / Thorsten *Deppner* / Prisca *Feihle* / Charlotte *Germershausen* / Matthias *Lehnert* / Cara *Röhner* / Friederike *Wapler*: Examen ohne Repetitorium – Leitfaden für eine selbstbestimmte und erfolgreiche Examensvorbereitung, 5. Auflage, Baden-Baden 2021
- Philipp *ter Haar* / Carsten *Lutz* / Matthias *Wiedenfels*: Prädikatsexamen – der selbstständige Weg zum erfolgreichen Examen, 5. Auflage, Baden-Baden 2021
- Pascal *Lippert*: Wege zum Prädikatsexamen – Wie jeder seine Chancen auf Top-Jura-Examina durch strukturierte Vorbereitung verbessern kann, Paderborn 2021

Kein Studienratgeber, aber vermutlich häufig verschenkt an Abiturienten und Studienanfänger:
- Tobias *Gostomzyk* / Joachim *Jahn* (Hrsg.): Briefe an junge Juristen, München 2015

Einen breiten Überblick über juristische Berufsbilder bietet
–   Michael *Hies* / Bernhard *Güntner* (Hrsg.): Perspektive Jura
    2023 – Berufsbilder, Bewerbung, Karrierewege und Experten-
    tipps zum Einstieg, 14. Auflage, München 2022

Grundlagen des Rechts erläutern
–   Claus *Loos*, Recht: verstanden!, So funktioniert unser Rechts-
    system, Juristische Grundlagen einfach erklärt, 3. Auflage,
    München 2022
–   Eric *Hilgendorf*: dtv-Atlas Recht, Bd. 1, 3. Auflage 2012, Bd. 2,
    1. Auflage München 2008

Anhang: Gesetzestexte

Grundgesetz für die Bundesrepublik Deutschland (GG)

Art. 8
(1) Alle Deutschen haben das Recht, sich ohne Anmeldung oder Erlaubnis friedlich und ohne Waffen zu versammeln.

(2) Für Versammlungen unter freiem Himmel kann dieses Recht durch Gesetz oder auf Grund eines Gesetzes beschränkt werden.

Art. 14
(1) Das Eigentum und das Erbrecht werden gewährleistet. ²Inhalt und Schranken werden durch die Gesetze bestimmt.

(2) Eigentum verpflichtet. ²Sein Gebrauch soll zugleich dem Wohle der Allgemeinheit dienen.

(3) Eine Enteignung ist nur zum Wohle der Allgemeinheit zulässig. ²Sie darf nur durch Gesetz oder auf Grund eines Gesetzes erfolgen, das Art und Ausmaß der Entschädigung regelt. ³Die Entschädigung ist unter gerechter Abwägung der Interessen der Allgemeinheit und der Beteiligten zu bestimmen. ⁴Wegen der Höhe der Entschädigung steht im Streitfalle der Rechtsweg vor den ordentlichen Gerichten offen.

Art. 20
(1) Die Bundesrepublik Deutschland ist ein demokratischer und sozialer Bundesstaat.

(2) ¹Alle Staatsgewalt geht vom Volke aus. ²Sie wird vom Volke in Wahlen und Abstimmungen und durch besondere Organe der Gesetzgebung, der vollziehenden Gewalt und der Rechtsprechung ausgeübt.

(3) Die Gesetzgebung ist an die verfassungsmäßige Ordnung, die vollziehende Gewalt und die Rechtsprechung sind an Gesetz und Recht gebunden.

(4) Gegen jeden, der es unternimmt, diese Ordnung zu beseitigen, haben alle Deutschen das Recht zum Widerstand, wenn andere Abhilfe nicht möglich ist.

Art. 97

(1) Die Richter sind unabhängig und nur dem Gesetze unterworfen.

(2) [1]Die hauptamtlich und planmäßig endgültig angestellten Richter können wider ihren Willen nur kraft richterlicher Entscheidung und nur aus Gründen und unter den Formen, welche die Gesetze bestimmen, vor Ablauf ihrer Amtszeit entlassen oder dauernd oder zeitweise ihres Amtes enthoben oder an eine andere Stelle oder in den Ruhestand versetzt werden. [2]Die Gesetzgebung kann Altersgrenzen festsetzen, bei deren Erreichung auf Lebenszeit angestellte Richter in den Ruhestand treten. [3]Bei Veränderung der Einrichtung der Gerichte oder ihrer Bezirke können Richter an ein anderes Gericht versetzt oder aus dem Amte entfernt werden, jedoch nur unter Belassung des vollen Gehaltes.

Art. 103

(1) Vor Gericht hat jedermann Anspruch auf rechtliches Gehör.

(2) Eine Tat kann nur bestraft werden, wenn die Strafbarkeit gesetzlich bestimmt war, bevor die Tat begangen wurde.

(3) Niemand darf wegen derselben Tat auf Grund der allgemeinen Strafgesetze mehrmals bestraft werden.

Strafgesetzbuch (StGB)

§ 1 Keine Strafe ohne Gesetz

Eine Tat kann nur bestraft werden, wenn die Strafbarkeit gesetzlich bestimmt war, bevor die Tat begangen wurde.

§ 13 Begehen durch Unterlassen

(1) Wer es unterlässt, einen Erfolg abzuwenden, der zum Tatbestand eines Strafgesetzes gehört, ist nach diesem Gesetz nur dann strafbar, wenn er rechtlich dafür einzustehen hat, dass der Erfolg nicht eintritt, und wenn das Unterlassen der Verwirklichung des gesetzlichen Tatbestandes durch ein Tun entspricht.

(2) Die Strafe kann nach § 49 Abs. 1 gemildert werden.

§ 24 Rücktritt

(1) [1]Wegen Versuchs wird nicht bestraft, wer freiwillig die weitere Ausführung der Tat aufgibt oder deren Vollendung verhindert. [2]Wird die Tat ohne Zutun des Zurücktretenden nicht vollendet, so wird er straflos, wenn er sich freiwillig und ernsthaft bemüht, die Vollendung zu verhindern.

(2) [1]Sind an der Tat mehrere beteiligt, so wird wegen Versuchs nicht bestraft, wer freiwillig die Vollendung verhindert. [2]Jedoch genügt zu seiner Straflosigkeit sein freiwilliges und ernsthaftes Bemühen, die Vollendung der Tat zu verhindern, wenn sie ohne sein Zutun nicht vollendet oder unabhängig von seinem früheren Tatbeitrag begangen wird.

§ 25 Täterschaft

(1) Als Täter wird bestraft, wer die Straftat selbst oder durch einen anderen begeht.

(2) Begehen mehrere die Straftat gemeinschaftlich, so wird jeder als Täter bestraft (Mittäter).

§ 30 Versuch der Beteiligung

(1) [1]Wer einen anderen zu bestimmen versucht, ein Verbrechen zu begehen oder zu ihm anzustiften, wird nach den Vorschriften über den Versuch des Verbrechens bestraft. [2]Jedoch ist die Strafe nach § 49 Abs. 1 zu mildern. [3]§ 23 Abs. 3 gilt entsprechend.

(2) Ebenso wird bestraft, wer sich bereit erklärt, wer das Erbieten eines anderen annimmt oder wer mit einem anderen verabredet, ein Verbrechen zu begehen oder zu ihm anzustiften.

§ 249 Raub

(1) Wer mit Gewalt gegen eine Person oder unter Anwendung von Drohungen mit gegenwärtiger Gefahr für Leib oder Leben eine fremde bewegliche Sache einem anderen in der Absicht wegnimmt, die Sache sich oder einem Dritten rechtswidrig zuzueignen, wird mit Freiheitsstrafe nicht unter einem Jahr bestraft.

(2) In minder schweren Fällen ist die Strafe Freiheitsstrafe von sechs Monaten bis zu fünf Jahren.

§ 263 Betrug

(1) Wer in der Absicht, sich oder einem Dritten einen rechts-
widrigen Vermögensvorteil zu verschaffen, das Vermögen
eines anderen dadurch beschädigt, dass er durch Vorspiegelung falscher oder durch Entstellung oder Unterdrückung
wahrer Tatsachen einen Irrtum erregt oder unterhält, wird
mit Freiheitsstrafe bis zu fünf Jahren oder mit Geldstrafe bestraft.

(2) Der Versuch ist strafbar.

(3) In besonders schweren Fällen ist die Strafe Freiheitsstrafe von
sechs Monaten bis zu zehn Jahren. Ein besonders schwerer
Fall liegt in der Regel vor, wenn der Täter

   1. gewerbsmäßig oder als Mitglied einer Bande handelt, die
sich zur fortgesetzten Begehung von Urkundenfälschung
oder Betrug verbunden hat,

   2. einen Vermögensverlust großen Ausmaßes herbeiführt
oder in der Absicht handelt, durch die fortgesetzte Begehung von Betrug eine große Zahl von Menschen in die Gefahr des Verlustes von Vermögenswerten zu bringen,

   3. eine andere Person in wirtschaftliche Not bringt,

   4. seine Befugnisse oder seine Stellung als Amtsträger oder
Europäischer Amtsträger missbraucht oder

   5. einen Versicherungsfall vortäuscht, nachdem er oder ein
anderer zu diesem Zweck eine Sache von bedeutendem
Wert in Brand gesetzt oder durch eine Brandlegung ganz
oder teilweise zerstört oder ein Schiff zum Sinken oder
Stranden gebracht hat.

(4) § 243 Abs. 2 sowie die §§ 247 und 248a gelten entsprechend.

(5) Mit Freiheitsstrafe von einem Jahr bis zu zehn Jahren, in minder schweren Fällen mit Freiheitsstrafe von sechs Monaten
bis zu fünf Jahren wird bestraft, wer den Betrug als Mitglied
einer Bande, die sich zur fortgesetzten Begehung von Straftaten nach den §§ 263 bis 264 oder 267 bis 269 verbunden hat,
gewerbsmäßig begeht.

(6) Das Gericht kann Führungsaufsicht anordnen (§ 68 Abs. 1).

(7) (weggefallen)

§ 315c Gefährdung des Straßenverkehrs

(1) Wer im Straßenverkehr

1. ein Fahrzeug führt, obwohl er

   a) infolge des Genusses alkoholischer Getränke oder anderer berauschender Mittel oder

   b) infolge geistiger oder körperlicher Mängel

   nicht in der Lage ist, das Fahrzeug sicher zu führen, oder

2. grob verkehrswidrig und rücksichtslos

   a) die Vorfahrt nicht beachtet,

   b) falsch überholt oder sonst bei Überholvorgängen falsch fährt,

   c) an Fußgängerüberwegen falsch fährt,

   d) an unübersichtlichen Stellen, an Straßenkreuzungen, Straßeneinmündungen oder Bahnübergängen zu schnell fährt,

   e) an unübersichtlichen Stellen nicht die rechte Seite der Fahrbahn einhält,

   f) auf Autobahnen oder Kraftfahrstraßen wendet, rückwärts oder entgegen der Fahrtrichtung fährt oder dies versucht oder

   g) haltende oder liegengebliebene Fahrzeuge nicht auf ausreichende Entfernung kenntlich macht, obwohl das zur Sicherung des Verkehrs erforderlich ist, und dadurch Leib oder Leben eines anderen Menschen oder fremde Sachen von bedeutendem Wert gefährdet, wird mit Freiheitsstrafe bis zu fünf Jahren oder mit Geldstrafe bestraft.

(2) In den Fällen des Absatzes 1 Nr. 1 ist der Versuch strafbar.

(3) Wer in den Fällen des Absatzes 1

1. die Gefahr fahrlässig verursacht oder

2. fahrlässig handelt und die Gefahr fahrlässig verursacht,

   wird mit Freiheitsstrafe bis zu zwei Jahren oder mit Geldstrafe bestraft.

§ 315d Verbotene Kraftfahrzeugrennen

(1) Wer im Straßenverkehr

1. ein nicht erlaubtes Kraftfahrzeugrennen ausrichtet oder durchführt,

2. als Kraftfahrzeugführer an einem nicht erlaubten Kraftfahrzeugrennen teilnimmt oder

3. sich als Kraftfahrzeugführer mit nicht angepasster Geschwindigkeit und grob verkehrswidrig und rücksichtslos fortbewegt, um eine höchstmögliche Geschwindigkeit zu erreichen,

   wird mit Freiheitsstrafe bis zu zwei Jahren oder mit Geldstrafe bestraft.

(2) Wer in den Fällen des Absatzes 1 Nummer 2 oder 3 Leib oder Leben eines anderen Menschen oder fremde Sachen von bedeutendem Wert gefährdet, wird mit Freiheitsstrafe bis zu fünf Jahren oder mit Geldstrafe bestraft.

(3) Der Versuch ist in den Fällen des Absatzes 1 Nummer 1 strafbar.

(4) Wer in den Fällen des Absatzes 2 die Gefahr fahrlässig verursacht, wird mit Freiheitsstrafe bis zu drei Jahren oder mit Geldstrafe bestraft.

(5) Verursacht der Täter in den Fällen des Absatzes 2 durch die Tat den Tod oder eine schwere Gesundheitsschädigung eines anderen Menschen oder eine Gesundheitsschädigung einer großen Zahl von Menschen, so ist die Strafe Freiheitsstrafe von einem Jahr bis zu zehn Jahren, in minder schweren Fällen Freiheitsstrafe von sechs Monaten bis zu fünf Jahren.

§ 316a Räuberischer Angriff auf Kraftfahrer

(1) Wer zur Begehung eines Raubes (§§ 249 oder 250), eines räuberischen Diebstahls (§ 252) oder einer räuberischen Erpressung (§ 255) einen Angriff auf Leib oder Leben oder die Entschlussfreiheit des Führers eines Kraftfahrzeugs oder eines Mitfahrers verübt und dabei die besonderen Verhältnisse des Straßenverkehrs ausnutzt, wird mit Freiheitsstrafe nicht unter fünf Jahren bestraft.

(2) In minder schweren Fällen ist die Strafe Freiheitsstrafe von einem Jahr bis zu zehn Jahren.

(3) Verursacht der Täter durch die Tat wenigstens leichtfertig den Tod eines anderen Menschen, so ist die Strafe lebenslange Freiheitsstrafe oder Freiheitsstrafe nicht unter zehn Jahren.

§ 323c Unterlassene Hilfeleistung; Behinderung von hilfeleistenden Personen

(1) Wer bei Unglücksfällen oder gemeiner Gefahr oder Not nicht Hilfe leistet, obwohl dies erforderlich und ihm den Umständen nach zuzumuten, insbesondere ohne erhebliche eigene Gefahr und ohne Verletzung anderer wichtiger Pflichten möglich ist, wird mit Freiheitsstrafe bis zu einem Jahr oder mit Geldstrafe bestraft.

(2) Ebenso wird bestraft, wer in diesen Situationen eine Person behindert, die einem Dritten Hilfe leistet oder leisten will.

Bürgerliches Gesetzbuch (BGB)

§ 2 Eintritt der Volljährigkeit
Die Volljährigkeit tritt mit der Vollendung des 18. Lebensjahres ein.

§ 104 Geschäftsunfähigkeit
Geschäftsunfähig ist:
1. wer nicht das siebente Lebensjahr vollendet hat,
2. wer sich in einem die freie Willensbestimmung ausschließenden Zustand krankhafter Störung der Geistestätigkeit befindet, sofern nicht der Zustand seiner Natur nach ein vorübergehender ist.

§ 105 Nichtigkeit der Willenserklärung
(1) Die Willenserklärung eines Geschäftsunfähigen ist nichtig.
(2) Nichtig ist auch eine Willenserklärung, die im Zustand der Bewusstlosigkeit oder vorübergehender Störung der Geistestätigkeit abgegeben wird.

§ 106 Beschränkte Geschäftsfähigkeit Minderjähriger
Ein Minderjähriger, der das siebente Lebensjahr vollendet hat, ist nach Maßgabe der §§ 107 bis 113 in der Geschäftsfähigkeit beschränkt.

§ 107 Einwilligung des gesetzlichen Vertreters

Der Minderjährige bedarf zu einer Willenserklärung, durch die er nicht lediglich einen rechtlichen Vorteil erlangt, der Einwilligung seines gesetzlichen Vertreters.

§ 108 Vertragsschluss ohne Einwilligung

(1) Schließt der Minderjährige einen Vertrag ohne die erforderliche Einwilligung des gesetzlichen Vertreters, so hängt die Wirksamkeit des Vertrags von der Genehmigung des Vertreters ab.

(2) [1]Fordert der andere Teil den Vertreter zur Erklärung über die Genehmigung auf, so kann die Erklärung nur ihm gegenüber erfolgen; eine vor der Aufforderung dem Minderjährigen gegenüber erklärte Genehmigung oder Verweigerung der Genehmigung wird unwirksam. [2]Die Genehmigung kann nur bis zum Ablauf von zwei Wochen nach dem Empfang der Aufforderung erklärt werden; wird sie nicht erklärt, so gilt sie als verweigert.

(3) Ist der Minderjährige unbeschränkt geschäftsfähig geworden, so tritt seine Genehmigung an die Stelle der Genehmigung des Vertreters.

§ 111 Einseitige Rechtsgeschäfte

[1]Ein einseitiges Rechtsgeschäft, das der Minderjährige ohne die erforderliche Einwilligung des gesetzlichen Vertreters vornimmt, ist unwirksam. [2]Nimmt der Minderjährige mit dieser Einwilligung ein solches Rechtsgeschäft einem anderen gegenüber vor, so ist das Rechtsgeschäft unwirksam, wenn der Minderjährige die Einwilligung nicht in schriftlicher Form vorlegt und der andere das Rechtsgeschäft aus diesem Grunde unverzüglich zurückweist. [3]Die Zurückweisung ist ausgeschlossen, wenn der Vertreter den anderen von der Einwilligung in Kenntnis gesetzt hatte.

§ 112 Selbständiger Betrieb eines Erwerbsgeschäfts

(1) [1]Ermächtigt der gesetzliche Vertreter mit Genehmigung des Familiengerichts den Minderjährigen zum selbständigen Betrieb eines Erwerbsgeschäfts, so ist der Minderjährige für solche Rechtsgeschäfte unbeschränkt geschäftsfähig, welche der Geschäftsbetrieb mit sich bringt. [2]Ausgenommen sind Rechtsgeschäfte, zu denen der Vertreter der Genehmigung des Familiengerichts bedarf.

(2) Die Ermächtigung kann von dem Vertreter nur mit Genehmigung des Familiengerichts zurückgenommen werden.

§ 113 Dienst- oder Arbeitsverhältnis

(1) Ermächtigt der gesetzliche Vertreter den Minderjährigen, in Dienst oder in Arbeit zu treten, so ist der Minderjährige für solche Rechtsgeschäfte unbeschränkt geschäftsfähig, welche die Eingehung oder Aufhebung eines Dienst- oder Arbeitsverhältnisses der gestatteten Art oder die Erfüllung der sich aus einem solchen Verhältnis ergebenden Verpflichtungen betreffen. Ausgenommen sind Verträge, zu denen der Vertreter der Genehmigung des Familiengerichts bedarf.

(2) Die Ermächtigung kann von dem Vertreter zurückgenommen oder eingeschränkt werden.

(3) [1]Ist der gesetzliche Vertreter ein Vormund, so kann die Ermächtigung, wenn sie von ihm verweigert wird, auf Antrag des Minderjährigen durch das Familiengericht ersetzt werden. [2]Das Familiengericht hat die Ermächtigung zu ersetzen, wenn sie im Interesse des Mündels liegt.

(4) Die für einen einzelnen Fall erteilte Ermächtigung gilt im Zweifel als allgemeine Ermächtigung zur Eingehung von Verhältnissen derselben Art.

§ 130 Wirksamwerden der Willenserklärung gegenüber Abwesenden

(1) [1]Eine Willenserklärung, die einem anderen gegenüber abzugeben ist, wird, wenn sie in dessen Abwesenheit abgegeben wird, in dem Zeitpunkt wirksam, in welchem sie ihm zugeht. [2]Sie wird nicht wirksam, wenn dem anderen vorher oder gleichzeitig ein Widerruf zugeht.

(2) Auf die Wirksamkeit der Willenserklärung ist es ohne Einfluss, wenn der Erklärende nach der Abgabe stirbt oder geschäftsunfähig wird.

(3) Diese Vorschriften finden auch dann Anwendung, wenn die Willenserklärung einer Behörde gegenüber abzugeben ist.

§ 151 Annahme ohne Erklärung gegenüber dem Antragenden

[1]Der Vertrag kommt durch die Annahme des Antrags zustande, ohne dass die Annahme dem Antragenden gegenüber erklärt zu werden braucht, wenn eine solche Erklärung nach der Verkehrssitte

nicht zu erwarten ist oder der Antragende auf sie verzichtet hat. [2]Der Zeitpunkt, in welchem der Antrag erlischt, bestimmt sich nach dem aus dem Antrag oder den Umständen zu entnehmenden Willen des Antragenden.

§ 164 Wirkung der Erklärung des Vertreters

(1) [1]Eine Willenserklärung, die jemand innerhalb der ihm zustehenden Vertretungsmacht im Namen des Vertretenen abgibt, wirkt unmittelbar für und gegen den Vertretenen. [2]Es macht keinen Unterschied, ob die Erklärung ausdrücklich im Namen des Vertretenen erfolgt oder ob die Umstände ergeben, dass sie in dessen Namen erfolgen soll.

(2) Tritt der Wille, in fremdem Namen zu handeln, nicht erkennbar hervor, so kommt der Mangel des Willens, im eigenen Namen zu handeln, nicht in Betracht.

(3) Die Vorschriften des Absatzes 1 finden entsprechende Anwendung, wenn eine gegenüber einem anderen abzugebende Willenserklärung dessen Vertreter gegenüber erfolgt.

§ 165 Beschränkt geschäftsfähiger Vertreter

Die Wirksamkeit einer von oder gegenüber einem Vertreter abgegebenen Willenserklärung wird nicht dadurch beeinträchtigt, dass der Vertreter in der Geschäftsfähigkeit beschränkt ist.

§ 174 Einseitiges Rechtsgeschäft eines Bevollmächtigten

[1]Ein einseitiges Rechtsgeschäft, das ein Bevollmächtigter einem anderen gegenüber vornimmt, ist unwirksam, wenn der Bevollmächtigte eine Vollmachtsurkunde nicht vorlegt und der andere das Rechtsgeschäft aus diesem Grunde unverzüglich zurückweist. [2]Die Zurückweisung ist ausgeschlossen, wenn der Vollmachtgeber den anderen von der Bevollmächtigung in Kenntnis gesetzt hatte.

§ 180 Einseitiges Rechtsgeschäft

[1]Bei einem einseitigen Rechtsgeschäft ist Vertretung ohne Vertretungsmacht unzulässig. [2]Hat jedoch derjenige, welchem gegenüber ein solches Rechtsgeschäft vorzunehmen war, die von dem Vertreter behauptete Vertretungsmacht bei der Vornahme des Rechtsgeschäfts nicht beanstandet oder ist er damit einverstanden gewesen, dass der Vertreter ohne Vertretungsmacht handele, so

finden die Vorschriften über Verträge entsprechende Anwendung. [3]Das Gleiche gilt, wenn ein einseitiges Rechtsgeschäft gegenüber einem Vertreter ohne Vertretungsmacht mit dessen Einverständnis vorgenommen wird.

§ 183 Widerruflichkeit der Einwilligung

[1]Die vorherige Zustimmung (Einwilligung) ist bis zur Vornahme des Rechtsgeschäfts widerruflich, soweit nicht aus dem ihrer Erteilung zugrunde liegenden Rechtsverhältnis sich ein anderes ergibt. [2]Der Widerruf kann sowohl dem einen als dem anderen Teil gegenüber erklärt werden.

§ 184 Rückwirkung der Genehmigung

(1) Die nachträgliche Zustimmung (Genehmigung) wirkt auf den Zeitpunkt der Vornahme des Rechtsgeschäfts zurück, soweit nicht ein anderes bestimmt ist.

(2) Durch die Rückwirkung werden Verfügungen nicht unwirksam, die vor der Genehmigung über den Gegenstand des Rechtsgeschäfts von dem Genehmigenden getroffen worden oder im Wege der Zwangsvollstreckung oder der Arrestvollziehung oder durch den Insolvenzverwalter erfolgt sind.

§ 275 Ausschluss der Leistungspflicht

(1) Der Anspruch auf Leistung ist ausgeschlossen, soweit diese für den Schuldner oder für jedermann unmöglich ist.

(2) [1]Der Schuldner kann die Leistung verweigern, soweit diese einen Aufwand erfordert, der unter Beachtung des Inhalts des Schuldverhältnisses und der Gebote von Treu und Glauben in einem groben Missverhältnis zu dem Leistungsinteresse des Gläubigers steht. [2]Bei der Bestimmung der dem Schuldner zuzumutenden Anstrengungen ist auch zu berücksichtigen, ob der Schuldner das Leistungshindernis zu vertreten hat.

(3) Der Schuldner kann die Leistung ferner verweigern, wenn er die Leistung persönlich zu erbringen hat und sie ihm unter Abwägung des seiner Leistung entgegenstehenden Hindernisses mit dem Leistungsinteresse des Gläubigers nicht zugemutet werden kann.

(4) Die Rechte des Gläubigers bestimmen sich nach den §§ 280, 283 bis 285, 311a und 326.

§ 280 Schadensersatz wegen Pflichtverletzung

(1) [1]Verletzt der Schuldner eine Pflicht aus dem Schuldverhältnis, so kann der Gläubiger Ersatz des hierdurch entstehenden Schadens verlangen. [2]Dies gilt nicht, wenn der Schuldner die Pflichtverletzung nicht zu vertreten hat.

(2) Schadensersatz wegen Verzögerung der Leistung kann der Gläubiger nur unter der zusätzlichen Voraussetzung des § 286 verlangen.

(3) Schadensersatz statt der Leistung kann der Gläubiger nur unter den zusätzlichen Voraussetzungen des § 281, des § 282 oder des § 283 verlangen.

§ 283 Schadensersatz statt der Leistung bei Ausschluss der Leistungspflicht

[1]Braucht der Schuldner nach § 275 Abs. 1 bis 3 nicht zu leisten, kann der Gläubiger unter den Voraussetzungen des § 280 Abs. 1 Schadensersatz statt der Leistung verlangen. [2]§ 281 Abs. 1 Satz 2 und 3 und Abs. 5 findet entsprechende Anwendung.

§ 285 Herausgabe des Ersatzes

(1) Erlangt der Schuldner infolge des Umstands, auf Grund dessen er die Leistung nach § 275 Abs. 1 bis 3 nicht zu erbringen braucht, für den geschuldeten Gegenstand einen Ersatz oder einen Ersatzanspruch, so kann der Gläubiger Herausgabe des als Ersatz Empfangenen oder Abtretung des Ersatzanspruchs verlangen.

(2) Kann der Gläubiger statt der Leistung Schadensersatz verlangen, so mindert sich dieser, wenn er von dem in Absatz 1 bestimmten Recht Gebrauch macht, um den Wert des erlangten Ersatzes oder Ersatzanspruchs.

§ 326 Befreiung von der Gegenleistung und Rücktritt beim Ausschluss der Leistungspflicht

(1) [1]Braucht der Schuldner nach § 275 Abs. 1 bis 3 nicht zu leisten, entfällt der Anspruch auf die Gegenleistung; bei einer Teilleistung findet § 441 Abs. 3 entsprechende Anwendung. [2]Satz 1 gilt nicht, wenn der Schuldner im Falle der nicht vertragsgemäßen Leistung die Nacherfüllung nach § 275 Abs. 1 bis 3 nicht zu erbringen braucht.

(2) [1]Ist der Gläubiger für den Umstand, auf Grund dessen der Schuldner nach § 275 Abs. 1 bis 3 nicht zu leisten braucht,

allein oder weit überwiegend verantwortlich oder tritt dieser vom Schuldner nicht zu vertretende Umstand zu einer Zeit ein, zu welcher der Gläubiger im Verzug der Annahme ist, so behält der Schuldner den Anspruch auf die Gegenleistung. [2]Er muss sich jedoch dasjenige anrechnen lassen, was er infolge der Befreiung von der Leistung erspart oder durch anderweitige Verwendung seiner Arbeitskraft erwirbt oder zu erwerben böswillig unterlässt.

(3) [1]Verlangt der Gläubiger nach § 285 Herausgabe des für den geschuldeten Gegenstand erlangten Ersatzes oder Abtretung des Ersatzanspruchs, so bleibt er zur Gegenleistung verpflichtet. [2]Diese mindert sich jedoch nach Maßgabe des § 441 Abs. 3 insoweit, als der Wert des Ersatzes oder des Ersatzanspruchs hinter dem Wert der geschuldeten Leistung zurückbleibt.

(4) Soweit die nach dieser Vorschrift nicht geschuldete Gegenleistung bewirkt ist, kann das Geleistete nach den §§ 346 bis 348 zurückgefordert werden.

(5) Braucht der Schuldner nach § 275 Abs. 1 bis 3 nicht zu leisten, kann der Gläubiger zurücktreten; auf den Rücktritt findet § 323 mit der Maßgabe entsprechende Anwendung, dass die Fristsetzung entbehrlich ist.

§ 433 Vertragstypische Pflichten beim Kaufvertrag

(1) [1]Durch den Kaufvertrag wird der Verkäufer einer Sache verpflichtet, dem Käufer die Sache zu übergeben und das Eigentum an der Sache zu verschaffen. [2]Der Verkäufer hat dem Käufer die Sache frei von Sach- und Rechtsmängeln zu verschaffen.

(2) Der Käufer ist verpflichtet, dem Verkäufer den vereinbarten Kaufpreis zu zahlen und die gekaufte Sache abzunehmen.

§ 1367 Einseitige Rechtsgeschäfte

Ein einseitiges Rechtsgeschäft, das ohne die erforderliche Einwilligung vorgenommen wird, ist unwirksam.[1]

Zivilprozessordnung (ZPO)

§ 257 Klage auf künftige Zahlung oder Räumung

Ist die Geltendmachung einer nicht von einer Gegenleistung abhängigen Geldforderung oder die Geltendmachung des Anspruchs auf Räumung eines Grundstücks oder eines Raumes, der anderen als Wohnzwecken dient, an den Eintritt eines Kalendertages geknüpft, so kann Klage auf künftige Zahlung oder Räumung erhoben werden.

---

1   Diese Vorschrift gilt nur für einseitige Rechtsgeschäfte eines Ehegatten, und dabei nur für Ehepaare, die im gesetzlichen Güterstand leben (sog. „Zugewinngemeinschaft"), die also nicht durch Ehevertrag einen anderen Güterstand gewählt haben (nämlich Gütertrennung oder Gütergemeinschaft). Diese aus dem Wortlaut nicht erkennbaren Einschränkungen folgen aus der Stellung der Vorschrift im Gesetz, für die man sich also immer interessieren sollte (siehe auch schon Fn. 13 in Kapitel 8): Buch 4 (des BGB), also Familienrecht (§§ 1297–1921 BGB), dort Abschnitt 1 („Bürgerliche Ehe", §§ 1297–1588 BGB), Titel 6 („Eheliches Güterrecht", §§ 1363–1563 BGB), Untertitel 1 („Gesetzliches Güterrecht", §§ 1363–1390 BGB).

Abkürzungen

Juristen lieben Abkürzungen. Für dieses Buch haben wir sie so gut es ging vermieden. Diese haben wir verwendet:

Abs.	Absatz
aF	alte Fassung
AG	Aktiengesellschaft
Alt.	Alternative
Art., Artt.	Artikel
BaFin	Bundesanstalt für Finanzdienstleistungsaufsicht
BAföG	Bundesausbildungsförderungsgesetz
Bd.	Band
BGB	Bürgerliches Gesetzbuch
BGH	Bundesgerichtshof
BVerfG	Bundesverfassungsgericht
CHE	Centrum für Hochschulentwicklung
DRiG	Deutsches Richtergesetz
ECLI	European Case Law Identifier
ff.	und folgende
Fn.	Fußnote
JAPO	Ausbildungs- und Prüfungsordnung für Juristen
GG	Grundgesetz
GmbH	Gesellschaft mit beschränkter Haftung
LL.B.	Bachelor of Laws
LL.M.	Master of Laws
NATO	North Atlantic Treaty Organisation
NetzDG	Netzwerkdurchsetzungsgesetz
NGO	Nichtregierungsorganisation
Nr.	Nummer
Rn.	Randnummer
S.	Satz / Seite
SQ3R	Survey, question, read, recite, review
StGB	Strafgesetzbuch
UN	United Nations
ZPO	Zivilprozeßordnung

Verfasserverzeichnis

Dr. *Denis Basak*
ist nach vielen Jahren als Student, Doktorand und schließlich akademischer Rat an der Universität Frankfurt derzeit Repetitor für Strafrecht und Zivilrecht an mehreren Standorten eines großen juristischen Repetitoriums.

Prof. Dr. *Jörn Griebel*
hat in Köln, London und Genf studiert und lehrt Öffentliches Recht und Internationales Wirtschaftsrecht an der Universität Siegen.

Florian Gröblinghoff, Leitender Verwaltungsdirektor,
hat in Bielefeld, Nottingham, Den Haag und Speyer studiert und ist heute Studienleiter der Verwaltungsakademie Bordesholm.

Prof. Dr. *Tomas Kuhn*
hat in Regensburg und Lausanne studiert und lehrt Zivilrecht an der Universität Passau (mehr unter t1p.de/ju9ox).

Dr. iur. h.c. *Barbara Lange*, LL.M.,
hat in München, Münster, Speyer und London studiert. Sie ist Rechtsanwältin in München, seit vielen Jahren Lehrbeauftragte an zahlreichen Universitäten auch zum Thema juristisches Lernen und Autorin eines Ratgebers zum Jurastudium.

Prof. Dr. *Roland Schimmel*
lehrt Bürgerliches Recht und Wirtschaftsprivatrecht an der Frankfurt University of Applied Sciences (mehr unter t1p.de/3jhys).

Stichwortverzeichnis

Handwerkszeug

Lars Gußen
**Wissenschaftliches Arbeiten
im Jurastudium**
Eine Einführung in
die juristische Arbeitstechnik
ISBN 978-3-8252-5009-6
Brill | Schöningh 1. A. 2020
202 S., 11 Abb., 2 Tab.
€ 20,00 | € (A) 20,60

Für ein erfolgreiches Studium

Lars Gußen erklärt, was man im Jurastudium können und wissen
muss, wie die Grundlagen des juristischen Gutachtenstils, Informa-
tionsbeschaffung, den Umgang mit juristischen Texten sowie die
richtige Technik und Taktik beim Schreiben juristischer Hausarbeiten
und Klausuren.
Damit werden Anfängerfehler vermieden und Motivationskiller
haben keine Chance.

Mehr unter www.utb.de

Zum Weiterüben

Roland Schimmel
Juristendeutsch?
Ein Buch voll praktischer
Übungen für bessere Texte
ISBN 978-3-8252-5533-6
Brill | Schöningh 2. A. 2020
222 S., 24 Abb.
€ 22,00 | € (A) 22,70

Bessere Texte schreiben – besser verstanden werden

Auch wer die Grundlagen schon kennt, kann mit etwas Übung lernen, wie besser verständliche juristische Texte entstehen. Roland Schimmel zeigt wirksame Methoden zur unkomplizierten Darstellung komplizierter Sachverhalte.
Wie vermeidet man Schachtelsätze, Bezugsfehler und Fremdworthäufungen? Der kompetente Umgang mit Sprache hilft in Studium, Referendariat und Berufspraxis.